21 RESILIENZ BOOSTER

21 COACHING SESSIONS INKLUSIVE TOOLS FÜR MEHR MENTALE STÄRKE

Mag. Sabine Kainz

Inhalt

Einleitung

WARUM SCHREIBE ICH DIESES BUCH?

Es ist für Dich. Für all jene, die bereit sind, ihre mentale Gesundheit selbst in die Hand zu nehmen und ihre Resilienz zu stärken. Für Menschen wie Dich, die bereit sind, Zeit und Energie in die eigene Reflexion zu investieren, um sich besser kennenzulernen und so ihre Widerstandskraft gegenüber den Herausforderungen und Krisen des Lebens zu fördern – jene, die es gibt und immer geben wird.

Du wirst aus diesem Buch am meisten für Dich mitnehmen, wenn Du die Übungen, Tipps, Reflexionen und Learning Nuggets wirklich anwendest und verinnerlichst. Dieses Buch ist ein Arbeitsbuch, das jede Coaching-Session mit konkreten Übungen und wertvollen Erkenntnissen abschließt. Wenn Du diese Übungen konsequent 21 Tage lang durchführst, wirst Du bereits erste Erfolge feiern können.

Die Welt dreht sich immer schneller, wird komplexer, und unser Gehirn wird täglich mit einer Flut von Informationen überschwemmt. Diese enorme Datenmenge zu verarbeiten, kostet uns viel Kraft und Energie. Unser Gehirn hat sich evolutionär kaum verändert, obwohl die Herausforderungen unserer Zeit immens gestiegen sind. Wenn Du bedenkst, dass wir heute täglich so viele Informationen verarbeiten müssen wie ein Bauer im Mittelalter während seines gesamten Lebens, ist es verständlich, warum wir uns oft gestresst und überfordert fühlen.

Deine mentale Gesundheit ist daher eines der wertvollsten Güter, die Du schützen solltest. Wir müssen lernen, unsere Resilienz zu trainieren, genauso wie wir unsere Muskeln trainieren. Es ist mein tiefster Wunsch, dass mentale Gesundheit eines Tages genauso selbstverständlich in Schulen unterrichtet wird wie Mathematik, Deutsch oder Englisch.

Als Personalberaterin, Unternehmerin und Coach ist eine stärkenorientierte Haltung für mich unerlässlich. Wenn jeder Einzelne seine Stärken und Talente kennt, bereitet die Arbeit mehr Freude, die Energie bleibt erhalten, und Unternehmen sind erfolgreicher, wenn sie Teams optimal nach Fähigkeiten und Fertigkeiten einsetzen.

Ein weiterer Grund für dieses Buch ist meine persönliche Erfahrung mit mentaler Erschöpfung und Stress. Auch ich musste erkennen, wie es ist, wenn die mentale Gesundheit ins Wanken gerät. Als jemand, der stets nach Höchstleistungen strebt, war es besonders schwer für mich zu akzeptieren, dass ich plötzlich nicht mehr die gewohnte Leistung erbringen konnte.

Meine Selbstständigkeit schien bedroht, zumindest fühlte es sich so an, und rückblickend war dies eine meiner wichtigsten Lektionen und Entwicklungen im Leben. Acht Jahre später kann ich sagen, dass diese Erfahrung mich bestens auf die Herausforderungen der Pandemie vorbereitet hat. Sie ermöglichte mir zusätzliche Ausbildungen, wie die zur Resilienzberaterin, zu absolvieren. Zudem konnte ich ein Online-Webinar zur Resilienz und ein „Steh-auf-Mensch"-Webinar entwickeln. Meine stärkenorientierte Haltung hat sich gefestigt, ebenso mein Umgang mit Leistung und meine Dankbarkeit mir selbst und meiner Gesundheit gegenüber. In den Jahren 2021, 2022 und 2023 habe ich die wirtschaftlich erfolgreichsten Jahre meiner 24-jährigen Unternehmertätigkeit erlebt. Deshalb ist Resilienz für mich eine Herzensangelegenheit.

Das Wunderbare an Resilienz ist, dass sie trainierbar ist. Ob wir eine neue Sprache lernen oder ein neues IT-Programm – Resilienz folgt demselben Prinzip. Der Schlüssel liegt im Tun. Wir müssen unsere mentale Widerstandskraft trainieren, indem wir unsere Gedanken, Handlungen und Worte bewusst verändern. Es geht darum, eine stärkenorientierte Haltung zu entwickeln und diese täglich zu leben. Ohne Disziplin und bewusste Entscheidung wird das nichts – das ist wie beim Zähneputzen: Wir machen es täglich und vertrauen nicht darauf, dass einmal reicht.

In meinem Buch präsentiere ich Dir 21 Coaching-Sessions aus meiner beruflichen Praxis, die Dir helfen werden, Deine Resilienz zu stärken. Jede Geschichte schließt mit einer konkreten Übung, wertvollen Erkenntnissen und praktischen Tipps ab, die Du sofort umsetzen kannst. Es ist essenziell, dass Du am Ball bleibst und diese Übungen zur Gewohnheit machst. Alle Coaching-Sessions basieren auf meinen Erfahrungen aus 30 Jahren Berufspraxis. Um die Diskretion zu wahren, habe ich die Namen, Berufe und Branchen der Personen willkürlich verändert und erfunden. Teilweise habe ich auch Inhalte angepasst.

Einige Tools tauchen in mehreren Coaching-Kapiteln meines Buches auf, da ich sie für die Entwicklung von Resilienz besonders relevant halte. Themen wie limitierende Glaubenssätze oder die Akzeptanz äußerer Rahmenbedingungen spielen in meinen Coachings eine zentrale Rolle. Sie werden aus unterschiedlichen Perspektiven betrachtet, von verschiedenen Menschen eingebracht und in diversen Positionen und Rollen diskutiert. Deshalb habe ich diesen Themen in meinem Buch bewusst viel Raum gegeben.

Ein Werkzeug, das immer wieder Anwendung findet, ist „The Work" – ein wunderbares Fragetool von Byron Katie. Dieses Tool hat nicht nur für mich persönlich eine große Bedeutung, sondern spielt auch in meiner Arbeit als Coach eine wichtige Rolle. In meinem Buch habe ich „The Work" in verschiedenen Kapiteln beschrieben, da es sich flexibel auf viele Situationen anwenden lässt und immer wieder wertvolle Impulse liefert.

Für mich persönlich war das Schreiben dieses Buches eine Reise in meine berufliche Vergangenheit. Während ich die Geschichten niederschrieb, hatte ich stets einen konkreten Coaching-Fall vor Augen und durchlebte noch einmal die wunderbaren Momente, die Erfolge mit meinen Coaching-Klienten, die Freude, die Dankbarkeit, die Weiterempfehlungen, die Treue und so vieles mehr. Meine Glücksgefühle begleiten Dich durch dieses Buch, und ich hoffe von Herzen, dass Dir die eine oder andere Session weiterhilft, Dir Mut spendet und Dir wertvolle Tipps und Übungen an die Hand gibt, um Krisen zu meistern.

Ich bin zutiefst davon überzeugt, dass dieses Buch zu den Menschen gelangen wird, die es brauchen und denen es helfen wird. Denn ich glaube fest daran und habe die Erfahrung gemacht, dass jeder Mensch etwas ganz Besonderes ist, dass jeder seine eigenen Stärken und Talente hat und dass jeder für sich das größte Potenzial darstellt.

GENDERN JA ODER NEIN? PER DU UND SIE? DISKRETION ALS OBERSTES GEBOT

Als Autorin habe ich bewusst entschieden, auf das Gendern zu verzichten. Ich spreche als wertschätzender und respektvoller Mensch alle Geschlechter und Identitäten an. Mir ist es wichtig, dass mein Text flüssig zu lesen ist und nicht durch sprachliche Konstruktionen unterbrochen wird. Lange habe ich darüber nachgedacht, ob ich dadurch Frauen oder andere Geschlechter diskriminiere oder abwerte. Ich bin zu dem Schluss gekommen, dass dies nicht meine Absicht ist und ich es nicht so empfinde. Manchmal werde ich bewusst die weibliche Form verwenden, was für mich in Ordnung ist, und für einen Ausgleich sorgen soll.

Bitte verzeihen Sie mir, falls Sie sich dadurch nicht wertgeschätzt oder respektiert fühlen. Das ist und wird niemals meine Absicht sein. Mein Anliegen ist es, alle Menschen gleichermaßen anzusprechen und zu respektieren.

Ich habe bewusst in den einzelnen Coaching-Sessions sowohl das „Du" als auch das „Sie" verwendet, da dies meine Realität widerspiegelt. Mit einigen Coaching-Kunden bin ich aufgrund der jahrelangen Zusammenarbeit per Du, mit anderen per Sie. Diese Mischung habe ich auch in meinem Buch beibehalten, um Diskretion zu 100 % zu gewährleisten, habe ich jedoch auch beim Du und Sie bewusst variiert und es entspricht nicht der Realität. Durch die Vielfalt der Positionen in Unternehmen, Branchen, KMU oder Konzernen sowie durch die unterschiedlichen Anredeformen stelle ich sicher, dass die Identität meiner Kunden stets geschützt bleibt.

Die Wahrung der Diskretion nach dem Coaching-Prozess ist für mich von höchster Bedeutung. Aus diesem Grund habe ich bewusst Titel, Geschlecht und alle relevanten Details in der Darstellung so verändert, dass es nahezu ausgeschlossen ist, Rückschlüsse auf die Identität oder persönliche Situationen der Beteiligten ziehen zu können. Dies stellt sicher, dass die Vertraulichkeit jederzeit gewahrt und das Vertrauen in den Coaching-Prozess ungebrochen bleibt.

Session 01

Coaching Session 01

DIE REISE VOM SUCHENDEN ZUM GEFUNDENEN

„WIE DER RICHTIGE JOB MICH GEFUNDEN HAT!“ 01

WAS BITTE SCHÖN HAT DAS MIT RESILIENZ ZU TUN?

Harald war schon seit langem ein Coachingkunde. Jedes Mal, wenn er einen neuen Job beginnt und sich von einem alten verabschiedet, kommt er wieder für ein paar Coachingstunden zu mir. Beim ersten Mal war es für Harald am schwierigsten, sich von seinem alten Job zu verabschieden. Er war mehr als 7 Jahre für einen Arbeitgeber tätig und hatte sich vom Trainee zu einem Abteilungsleiter emporgearbeitet. Immer mit vollem Einsatz, Leidenschaft und Engagement. Die extra Meile zu gehen, war für ihn selbstverständlich.

Nachdem jedoch innerhalb kürzester Zeit seine Vorgesetzten gewechselt haben und er niemals für den Job als Bereichsleiter berücksichtigt wurde, war für ihn klar, er muss gehen. Deshalb ist er zu mir ins Coaching gekommen. Dieser Coachingprozess war geprägt von Unsicherheit, Wut und Angst. Unsicherheit, da es sein erster Job nach dem Studium war, Wut, weil man mit ihm so respektlos umgegangen ist, und Angst, ob er je wieder einen adäquaten Job im Sinne von Führungsaufgabe, Gehalt und Freiraum bekommen würde.

Wir haben zunächst an seiner Wut gearbeitet. Woher kam diese Wut? Welche Glaubenssätze sind dafür verantwortlich, dass er sich in seiner Wut so ohnmächtig fühlte? Da sind wir bereits beim ersten Resilienz-Thema: Unsere **Glaubenssätze** prägen uns sehr stark. Vor allem unsere limitierenden Glaubenssätze müssen wir uns anschauen, wenn wir mental gesund werden oder bleiben wollen. Bei Harald war einer dieser hinderlichen Glaubenssätze: „Ich muss alles allein schaffen." Dieser hinderte ihn zunächst daran, Unterstützung anzunehmen. Als ihm das klar geworden ist, war der Coachingprozess für ihn einfacher (für mich auch ;-)).

Unsicherheit in Bezug, ob er einen neuen Job finden würde, war für ihn ebenfalls ein großes Thema. Er hatte sich bis dato noch nie beworben. Er hat sich als Trainee im Unternehmen begonnen und war danach 7 Jahre geblieben. Zuletzt als Abteilungsleiter für Marketing. Wir haben deshalb intensiv an seinen Stärken, Fähigkeiten, Skills und Talenten gearbeitet. Das ist bei der Resilienz eine wesentliche Säule – nämlich die Selbstwirksamkeit. Bei Harald hat das dazu geführt, dass er für sich selbst Referenzgeschichten seiner gelungenen Projekte, Führungsaufgaben und Herausforderungen, die er erfolgreich gemeistert hat, schriftlich festgehalten hat – wie in Marketing und Sales üblich: Referenzselling. Diesmal war er das zu vermarktendes Produkt. Für einen Marketingprofi wie ihm haben wir einen Slogan, ein Motto und einen Werbespot vorbereitet. Den Werbespot hat Harald für sich als Video aufgenommen, dieses Video hat er noch heute auf seinem Handy und jedes Mal, wenn er entweder einen neuen Job haben möchte oder intern eine Beförderung, sieht er sich dieses Video an. Damit haben wir einen Anker und ein Ritual geschaffen, beides ganz wesentliche Bestandteile für unser Gehirn und unsere mentale Gesundheit. Warum? Anker und Rituale geben Struktur und beides braucht unser Gehirn, um stressfrei arbeiten zu können. Beides gibt uns Sicherheit in Zeiten von Unsicherheit.

Nach einiger Zeit ist er ruhiger und sicherer geworden, sowohl in seiner Entscheidung zu kündigen als auch in Bezug auf seine Fähigkeiten. Er hat gekündigt, obwohl er noch keinen neuen Job hatte. Der hat sich nach kürzester Zeit ergeben. Dieser war finanziell wesentlich attraktiver und auch die Funktion war höher als die eines Bereichsleiters. Diesen Job hat er dann ein paar Jahre erfolgreich gemacht und als er wieder an dem Punkt für eine Veränderung war, hat er sofort gekündigt. Sein Gehirn hatte bereits Verhaltensmuster und positive Beispiele in Bezug auf einen Jobwechsel und diesmal hat ihn der Job tatsächlich selbst gefunden, er wurde nämlich von einem Headhunter angesprochen. Er ist bereits wieder in einer neuen Firma und hat erneut einen Karrieresprung gemacht.

WAS HAT DAS ALLES MIT RESILIENZ ZU TUN?

Harald hat für sich einen neuen förderlichen Glaubenssatz entwickelt: Im Sinne seiner Netzwerkorientierung (das ist eine der Säulen in der Resilienz) hat er für sich definiert: „Es fällt mir leicht, um Unterstützung zu bitten und mein Netzwerk zu nutzen, um einen attraktiven Job für mich zu finden."

Durch den neuen unterstützenden Glaubenssatz hat Harald die Möglichkeit, bei Schwierigkeiten gleich um Hilfe zu bitten. Seine Stärken und Fähigkeiten, die er in seinem Referenzbuch festgehalten hat, dienen ihm in Zeiten der Unsicherheit noch immer als Stärkung und führen zu Sicherheit und Entspannung.

WAS KANNST DU DIR AUS DER ERSTEN COACHING SESSION FÜR DICH MITNEHMEN?

Learning Nugget

Finde bitte Deine hinderlichen Glaubenssätze in Bezug auf Deinen Job heraus:

Einige Beispiele an hinderlichen Glaubenssätzen aus meiner Coachingpraxis und die dazugehörigen Erlauber bzw. förderlichen Glaubenssätze

HINDERLICHE GLAUBENSSÄTZE	FÖRDERLICHE GLAUBENSSÄTZE
„Ich bin nicht gut genug."	**„Ich bin fähig und bereit, Neues zu lernen und zu wachsen."**
„Erfolg ist nur für andere möglich, nicht für mich."	**„Für mich ist Erfolg möglich und erreichbar, und ich verdiene es, meine Ziele zu verwirklichen."**
„Wenn ich einen Fehler mache, bin ich ein Versager."	**„Fehler sind wertvolle Lernmöglichkeiten und bringen mich auf meinem Weg voran."**

„Ich darf keine Hilfe annehmen, das zeigt Schwäche.“

„Es ist ein Zeichen von Stärke und Verantwortungsbewusstsein, Unterstützung anzunehmen, wenn es nötig ist.“

„Ich darf keine Pausen machen, sonst bin ich faul – oder wer rastet, der rostet.“

„Pausen sind wichtig für meine Erholung und steigern langfristig meine Energie und Produktivität.“

„Ich muss hart arbeiten, um erfolgreich zu sein.“

„Ich arbeite klug und effizient, und das bringt mich nachhaltig zum Erfolg.“

„Ich bin schlecht in Verhandlungen, daher verdiene ich kein höheres Gehalt.“

„Ich erkenne meinen Wert und verdiene ein Gehalt, das meinen Fähigkeiten und Leistungen entspricht.“

„Ich muss mich anpassen, um dazuzugehören.“

„Ich darf meine eigenen Überzeugungen haben und respektiere gleichzeitig die Meinungen anderer.“

„Ich darf keinen neuen Weg gehen, weil es sicherer ist, im alten Job zu bleiben.“

„Veränderung bietet mir die Chance, mein Potenzial zu entfalten und neue, erfüllendere Wege zu gehen.“

Hinderliche Glaubenssätze können das berufliche Wachstum stark behindern. Sie abzulegen und durch positive, förderliche Überzeugungen zu ersetzen, ist ein Schlüssel zu mehr Zufriedenheit und Erfolg im Job. Frage Dich, woher diese kommen und wie sie Dich beeinflussen. Arbeite daran, diese durch unterstützende und förderliche Glaubenssätze zu ersetzen.

Es ist von großer Bedeutung, limitierende Glaubenssätze durch förderliche zu ersetzen, weil dieser Prozess wie das Anlegen neuer Wege im Geist ist. Stell Dir vor, Du gehst zum ersten Mal über eine Blumenwiese – Dein Schritt hinterlässt noch keine Spur. Wenn Du jedoch regelmäßig denselben Weg gehst, beginnen sich Spuren zu zeigen, und mit der Zeit wird dieser Weg klar und deutlich sichtbar. Ähnlich funktioniert es mit Deinen Gedanken und Glaubenssätzen. Wenn Du immer wieder bewusst die förderlichen Glaubenssätze wählst und sie in Deinem Alltag verankerst, stärkst Du die neuralen Verbindungen in deinem Gehirn, die diesen positiven Denkprozessen zugrunde liegen. Nur durch kontinuierliche Wiederholung kannst Du alte, einschränkende Muster nach und nach durch neue, stärkende Überzeugungen ersetzen. So baust Du nach und nach eine mentale „Autobahn" für Deine förderlichen Glaubenssätze, die Du immer wieder problemlos entlanggehen kannst.

Es geht also darum, Deinem Gehirn neue, stärkende Denkweisen anzutrainieren, die Dir helfen, Deine Potenziale besser zu nutzen und Dich in Richtung eines erfüllteren Lebens zu bewegen.

REFERENZBUCH *Übung*

ERSTELLE DEIN EIGENES REFERENZBUCH UND / ODER EIN VIDEO DEINER STÄRKEN, FÄHIGKEITEN UND ERFOLGREICHEN PROJEKTE:

Halte schriftlich fest, was Du gut kannst, welche Erfolge Du bereits erzielt hast und welche Fähigkeiten Du besitzt. Dieses Referenzbuch dient Dir als Erinnerung an Deine Stärken und gibt Dir in unsicheren Zeiten Halt und Zuversicht.

Indem Du diese beiden Tools anwendest, kannst Du Deine Resilienz stärken und Dich besser auf Herausforderungen vorbereiten.

RITUALE UND RESILIENZ

In der Gehirnforschung wird der Rolle von Ritualen eine große Bedeutung beigemessen, insbesondere in Bezug auf ihre Fähigkeit, Entspannung und Resilienz zu fördern. Sie bieten dem Gehirn Struktur und Vorhersehbarkeit, was in stressigen oder unvorhersehbaren Zeiten beruhigend wirken kann. Diese wiederkehrenden Handlungen helfen dem Gehirn, in einen Zustand der Ruhe zu gelangen, da sie als vertraute Muster erkannt werden, die keine Gefahr signalisieren.

Durch Rituale kann das Gehirn effizienter arbeiten, da weniger Energie auf Unsicherheiten verwendet wird und mehr auf den Umgang mit Stressoren fokussiert werden kann. Dies fördert nicht nur Entspannung, sondern stärkt auch die Resilienz – die Fähigkeit, sich von Herausforderungen zu erholen. Rituale können somit als ein Werkzeug betrachtet werden, das das Gehirn trainiert, sich in stressigen Zeiten schneller zu regenerieren.

Für das Gehirn sind Rituale also nicht nur eine Quelle der Entspannung, sondern auch ein Mechanismus, der langfristig die psychische Gesundheit und Widerstandskraft unterstützt.

Hier sind einige Beispiele für Rituale, die Dir in verschiedenen Lebensbereichen helfen können.

Morgenritual

Ein Glas Wasser trinken, gefolgt von einer kurzen Meditation oder Atemübung. Ein Tagebuch führen, in dem man Ziele für den Tag festhält.

Bei der täglichen Meditation verändert sich die Gehirnaktivität: Der präfrontale Kortex wird gestärkt, was Fokus und Selbstkontrolle fördert. Gleichzeitig wird die Aktivität der Amygdala, die für Stress und Angst zuständig ist, reduziert. Meditation fördert zudem die Neuroplastizität, sodass das Gehirn neue, positive Denk- und Verhaltensmuster entwickeln kann. Langfristig verbessert sie emotionale Balance und geistige Klarheit.

Abendritual

Eine festgelegte Schlafenszeit einhalten und vor dem Schlafengehen ein Buch lesen. Dankbarkeitsjournal führen, in dem man drei positive Erlebnisse des Tages notiert.

Arbeitsbeginnritual	Den Arbeitsplatz aufräumen und eine Tasse Tee oder Kaffee zubereiten, bevor man mit der Arbeit beginnt. Eine kurze To-Do-Liste erstellen, um die Prioritäten für den Tag festzulegen.
Entspannungsritual	Einen Spaziergang machen, um den Kopf freizubekommen. Ein heißes Bad/Dusche nehmen und beruhigende Musik hören, um den Tag ausklingen zu lassen.
Familienritual	Gemeinsames Abendessen mit digitalem Fasten. Ein wöchentliches Treffen, bei dem jedes Familienmitglied über seine Woche spricht.
Ritual für Kreativität	Jeden Morgen eine Seite in einem Notizbuch schreiben, um Ideen festzuhalten. Eine bestimmte Zeit pro Woche für kreative Tätigkeiten wie Malen, Musik machen oder Schreiben reservieren.
Erfolgsritual	Wiederhole jeden Morgen vor dem Spiegel: „Ich bin fokussiert und bereit für den Erfolg."
Manifestationsrituale	Vision Board: Erstelle eine Collage mit Bildern, Zitaten und Symbolen, die deine Wünsche und Ziele darstellen. Schaue sie jeden Morgen für 5 Minuten an und visualisiere den Erfolg. Manifestationsjournal: Schreibe in der Gegenwartsform: „Ich bin dankbar, dass ich meinen Traumjob habe", als ob der Wunsch bereits erfüllt ist.
Vergebungsritual	Ho'oponopono (Hawaiianisches Vergebungsritual): Wiederhole mehrmals die vier Sätze: **„Es tut mir leid."** **„Bitte vergib mir."** **„Ich danke dir."** **„Ich liebe dich."** Dies kannst du in einer ruhigen Meditation anwenden, während du an die Situation oder Person denkst.

Diese Rituale können helfen, den Tag zu strukturieren, Stress abzubauen und eine positive Gewohnheit zu etablieren, die langfristig zur mentalen und emotionalen Gesundheit beiträgt.

21 TAGE, DIE DEIN LEBEN VERÄNDERN KÖNNEN

Übung

Stell Dir vor, Du wählst eine der angeführten Rituale aus – vielleicht eine Morgenroutine, die Dich mit neuer Energie in den Tag starten lässt, oder eine abendliche Meditation, die Dir hilft, den Tag in Ruhe ausklingen zu lassen. Es ist egal, welches Ritual Du wählst. Wichtig ist nur, dass Du Dich **21 Tage** lang ganz darauf einlässt – und es zu einem festen Bestandteil deines Alltags machst.

Du kannst auch ein neues Ziel oder eine Vision, die Dir am Herzen liegt, für diese 21 Tage in den Mittelpunkt stellen. Ein Kunde von mir hatte den Traum, sein Buch zu einem Bestseller zu machen. Dafür entwickelte er ein einfaches, aber kraftvolles Ritual: Jeden Morgen nach dem Aufwachen, in der Mittagspause und abends vor dem Schlafengehen visualisierte er sein Buch auf der Spiegel-Bestsellerliste. In seinen Gedanken sah er sich selbst auf Lesereisen, wie er vor einem begeisterten Publikum stand und Passagen aus seinem Buch vorlas. Er stellte sich die Atmosphäre, die Gesichter der Menschen und den Erfolg in lebendigen, farbenfrohen Bildern vor.

Durch diese tägliche Visualisierung hat er nicht nur seine innere Überzeugung gestärkt, sondern auch die Energie auf dieses Ziel fokussiert. Und tatsächlich: Schon nach einiger Zeit bekam sein Buch immer mehr Aufmerksamkeit, die Nachfrage stieg, und er kam seinem Ziel Schritt für Schritt näher.

Das Geheimnis liegt darin, sich für 21 Tage vollständig einer positiven Vision oder einem Ritual hinzugeben.

Es geht darum, in Gedanken zu fühlen, zu sehen und zu erleben, wie es sich anfühlt, dieses Ziel erreicht zu haben – sei es ein Bestseller, ein erfolgreicher Geschäftsabschluss oder eine neue, gesunde Gewohnheit. Was auch immer Du Dir vornimmst, nimm Dir die Zeit, es täglich dreimal zu visualisieren: morgens, mittags und abends. Dein Geist wird darauf ausgerichtet, und nach 21 Tagen wirst Du spüren, wie sich die Veränderung in Deinem Leben entfaltet.

Du trainierst damit eine neue Gewohnheit und zugleich Deine Resilienz, denn wie Du bereits weißt, ist Resilienz etwas, das Du trainieren kannst. In meiner Arbeit mit Coachingkunden habe ich oft beobachtet, dass jene, die konsequent dranblieben, erfolgreich waren. Diejenigen, die wirklich bereit waren, ihr Denken und Handeln zu reflektieren und bei Bedarf nachhaltig zu verändern – und das nicht nur in Krisenzeiten, sondern dauerhaft, – haben es geschafft. Es entzieht sich unserer Kontrolle, welche Krisen oder Herausforderungen uns im Leben begegnen. Doch wir können entscheiden, wie wir darauf reagieren. Das gibt uns wieder die Führung über unser Leben und unterstützt unsere mentale Gesundheit. Es führt uns von der Ohnmacht zurück in die Eigenverantwortung – hin zum aktiven Handeln.

NOTIZEN

Session 02

Coaching Session 02

„NEIN – EIN VOLLSTÄNDIGER SATZ, DER MEIN LEBEN VERÄNDERTE“ 02

Helga ist eine engagierte, gut ausgebildete Führungskraft, die ganz neu in ihrer Leadership-Rolle ist. Früher war sie Teammitglied und hat es nach dem Abgang des alten Chefs in einem Hearing (Assessment zur Auswahl des geeignetsten Kandidaten) zur neuen Führungskraft geschafft. Wild entschlossen, vieles besser und innovativer zu machen, ist sie an die Sache herangegangen. Alles, was sie bislang mit ihren Teamkolleginnen in der Teeküche bei ihrem ehemaligen Chef bemängelt hatte, wollte sie besser und anders machen.

Schnell merkte Helga, dass sie selbst am meisten zu tun hat. Das Delegieren und Nein-Sagen ist ihr nie leichtgefallen, doch jetzt in ihrer neuen Führungsrolle führt es dazu, dass sie die erste ist, die anfängt, und die letzte, die nach Hause geht. Nach ein paar Monaten litt Helga unter Schlafprobleme, war schnell gereizt und fühlte sich in ihrer Haut nicht wohl. Die anfängliche Euphorie über den Karrieresprung ist schnell der Realität gewichen.

Als sie die erste Coachingstunde hatte, war sie mutlos, müde, gestresst und wollte alles hinschmeißen. Ihre mentale Gesundheit war in Gefahr, da sie sich selbst so unter Druck setzte, alles richtig zu machen: jede ihrer ehemaligen Kolleginnen zu befriedigen und auch noch ihre Chefin und die anderen Abteilungsleiterinnen, ob Marketing, Sales, IT. Sie, als neue Abteilungsleiterin Content Management, wollte alles auf den Kopf stellen. Nur für sich selbst war sie nicht genügend da. Ihre eigenen Bedürfnisse, Wünsche und Vorstellungen hatte sie so überhaupt nicht im Blick.

In der ersten Stunde malte ich für sie ein Bild am Flipchart: Sie in der Mitte und alle anderen Personen, die sie versucht zu bedienen. Als Helga das Bild sah, kamen ihr die Tränen. Sie war schon so erschöpft und müde davon, es allen recht machen zu wollen und keine Grenzen zu setzen. Ein absoluter People Pleaser war Helga. Als ihr das bewusst wurde, konnten wir beginnen, an ihrer Resilienz zu arbeiten. Bei Helga war das eng verbunden mit *„Nein zu anderen ist ein Ja zu mir selbst"*.

Am Anfang fiel es ihr schwer, Nein zu sagen. Wir haben deshalb Prioritäten gesetzt. Zunächst bei denjenigen, bei denen es ihr leichter fiel, zum Beispiel bei ihren Kolleginnen auf gleicher Ebene. Als sie beim ersten Mal zu ihrem Kollegen aus der IT Nein gesagt hat, hat sie mich euphorisch angerufen. Wie hat sie das geschafft? Sie hat sich auf ein Smile-Post-it „Nein zu anderen ist ein Ja zu mir" notiert. Dieses Smile-Post-it hat Helga dann von Meeting zu Meeting mitgenommen und es sich von Zeit zu Zeit angesehen.

Das Wichtigste ist, es umzusetzen. Das erste Mal ist oft das schwierigste, denn unser Gehirn hat noch keine Referenzpunkte. Deshalb benötigen wir viele Gelegenheiten, es auszuprobieren. Der Schlüssel zum Erfolg liegt im Handeln. Wenn es beim ersten Mal nicht einfach ist oder sich seltsam oder falsch anfühlt, sollten wir nachsichtig mit uns selbst sein. Gerade in solchen Momenten ist ein wertschätzender und respektvoller Umgang mit uns selbst von großer Bedeutung.

Bei ihren eigenen Mitarbeiter war es für Helga etwas schwieriger, da sie erst einmal in die Rolle der Vorgesetzten hineinwachsen musste. Das war ein Prozess, den wir im Coaching durch bewusste und klare Rollendefinition gelöst haben. Auch hier hat ihr ein Symbol geholfen. Sie hat sich als „Playing Captain" definiert, der nicht immer am Spielfeld ist, sondern dann, wenn sie will. Da Helga ein sehr bildliches Vorstellungsvermögen hat, hat sie sich gleich eine Collage dazu geklebt: Sie und ihr Team. Dazu hat sie dann noch die herausragendsten Talente ihrer Mitarbeiter dazugeschrieben.

DREI ZENTRALE WERKZEUGE AUS DIESEM KAPITEL

Learning Nugget

- **Nein zu anderen ist ein Ja zu sich selbst:**
  Übe das Nein-Sagen, um Deine eigenen Bedürfnisse und Grenzen zu wahren.

- **Visuelle Unterstützung:**
  Nutze Symbole und visuelle Hilfsmittel, um Dich an Deine neuen Rollen und Prioritäten zu erinnern und sie zu festigen.

- **Rollendefinition im Job:**
  Durch die klare Definition Deiner Führungsrolle kannst Du eine deutliche Trennung zwischen Deiner Person und Deinen Führungsaufgaben schaffen.

Für Helga war dies ein echter Wendepunkt, da sie aus dem Team heraus zur Führungskraft befördert wurde. Besonders wichtig ist es, die Spielregeln neu zu definieren und die Führungsrolle klar abzugrenzen. In dieser Rolle wirst Du auch unpopuläre Entscheidungen treffen und Handlungen durchführen müssen.

NEIN SAGEN *Übung*

Diese Übung hilft Dir dabei, selbstbewusst „Nein" zu sagen, um Deine persönlichen Grenzen zu wahren und Deine Resilienz zu stärken. Beginne damit, Dir einen Moment der Selbstreflexion zu gönnen. Denke an Situationen zurück, in denen es Dir schwerfiel, „Nein" zu sagen, und notiere diese. Versuche herauszufinden, warum es Dir so schwerfiel, abzulehnen – möglicherweise, weil Du das Gefühl hattest, andere enttäuschen zu müssen oder weil Du Angst vor negativen Reaktionen hattest, Liebesentzug, keine Anerkennung mehr... Dieses Bewusstsein ist der erste Schritt zur Veränderung.

Im nächsten Schritt visualisiere eine dieser Situationen. Schließe die Augen und stelle Dir vor, wie Du in dieser Situation klar und selbstbewusst „Nein" sagst. Achte darauf, wie Deine Körperhaltung ist, wie Dein Tonfall klingt und welche Mimik Du zeigst. Du wirst merken, dass allein diese gedankliche Vorbereitung Dir hilft, Dich besser auf reale Situationen vorzubereiten.

Eine weitere Möglichkeit, dass „Nein-Sagen" zu üben, ist durch Rollenspiele. Wenn Du keinen Coach zur Verfügung hast, frage einen Freund oder eine Freundin, ob er oder sie eine typische Situation mit Dir nachspielen kann. In dieser Übung geht es darum, auf respektvolle, aber klare Weise „Nein" zu sagen, ohne das Gefühl zu haben, sich rechtfertigen zu müssen. Ziel ist es, Dich dabei wohl und selbstbewusst zu fühlen.

Um Dich in schwierigen Momenten zu unterstützen, kann es auch hilfreich sein, Atemübungen durchzuführen. Wenn Du in einer realen Situation bist und merkst, dass Dir ein „Nein" schwerfällt, atme tief ein und aus. Nutze diese kurzen Pausen, um Dich zu beruhigen, Klarheit zu gewinnen und Dir bewusst zu machen, dass Du das Recht hast, Deine Grenzen zu setzen.

Ein weiterer Teil der Übung ist das tägliche Wiederholen von positiven Affirmationen. Sage Dir selbst Sätze wie: „Ich habe das Recht, Nein zu sagen", „Meine Bedürfnisse sind wichtig" oder „Ich setze gesunde Grenzen". Schreibe diese Affirmationen auf kleine Zettel und platziere sie an Orten, die Du oft siehst, wie zum Beispiel an Deinem Spiegel oder auf dem Kühlschrank. Diese ständigen Erinnerungen helfen Dir dabei, Dein Selbstbewusstsein zu stärken und Dich zu ermutigen, in schwierigen Momenten standhaft zu bleiben. Wenn Du dazu tendierst, in Meetings ständig neue Aufgaben zu übernehmen, weil es für Dich nicht auszuhalten ist, wenn sich niemand meldet, dann schreibe nur NEIN ich nicht auf ein Post it und nehme dieses für die nächste Zeit mit zu jedem Meeting. Nach jeder Übungssitzung ist es hilfreich, darüber nachzudenken, wie Du Dich gefühlt hast. Notiere Dir, was gut funktioniert hat und was Du beim nächsten Mal vielleicht anders machen möchtest. Diese Reflexion unterstützt Dich dabei, Fortschritte zu erkennen und Deine Fähigkeiten weiter zu verbessern.

Es ist wichtig, dass Du Dir regelmäßig Zeit für Dich selbst nimmst und auf Deine eigenen Bedürfnisse achtest. Erlaube Dir Pausen und Momente der Erholung, um Deine Batterien wieder aufzuladen. Je mehr Du deine eigenen Grenzen respektierst und pflegst, desto stärker wird auch Deine Resilienz. Übe Dich auch darin, klar und direkt zu kommunizieren, um Missverständnisse zu vermeiden und sicherzustellen, dass Deine Bedürfnisse gehört werden.

Denke daran, dass diese Übung regelmäßig durchgeführt werden sollte, um Deine Fähigkeit, „Nein" zu sagen, zu festigen. Sei geduldig mit Dir selbst und erkenne Deine Fortschritte an. Mit der Zeit wird es Dir immer leichter fallen, Deine Grenzen zu wahren und dadurch Deine Widerstandskraft zu stärken.

Wie bei allen Übungen in meinem Buch liegt die wahre Herausforderung nicht im Verstehen, sondern im regelmäßigen Umsetzen. Vielleicht sind Dir einige dieser Übungen schon bekannt, oder Du hast Dich bereits intensiv mit mentaler Gesundheit beschäftigt. Doch der Schlüssel zum Erfolg liegt nicht im bloßen Wissen – er liegt im Handeln.

Ich kann es nicht oft genug betonen: Der echte Fortschritt kommt durch das regelmäßige Anwenden dieser Methoden. Aus eigener Erfahrung weiß ich, wie schnell wir uns im Alltag verlieren und diese wichtigen Übungen beiseiteschieben. Oft fangen wir motiviert an, praktizieren sie eine Zeit lang, und dann lassen wir es wieder schleifen. Doch so kann keine langfristige mentale Gesundheit entstehen.

Der Erfolg liegt in der konsequenten Einstellung, in der bewussten Entscheidung, die eigene mentale Gesundheit zu trainieren. Es geht darum, eine neue Denkweise zu verinnerlichen, um diese in herausfordernden Momenten automatisch anzuwenden. Mental stark zu sein bedeutet, diese Techniken in den Alltag zu integrieren – bis sie zur Gewohnheit werden, die uns auch in stressigen Zeiten trägt.

Deshalb: Üben, umsetzen und dranbleiben – Tag für Tag.
Nur so wirst Du auf lange Sicht die Veränderung spüren und Deine mentale Stärke dauerhaft aufbauen.

NOTIZEN

Session 03

Coaching Session 03

„SCHLAFLOS IN WIEN“: WIE DU DAS GEDANKEN-KARUSSELL STOPPST UND RESILIENZ IM SCHLAF FINDEST 03

Michael ist ein Top-Experte im Projektmanagement und hat zahlreiche Ausbildungen in diesem Bereich abgeschlossen. Ob Großprojekte, agiles Projektmanagement oder Kommunikationstechniken wie gewaltfreie Kommunikation und aktives Zuhören – sein Ausbildungskatalog ist beeindruckend. Doch als er zu mir ins Coaching kam, stellte sich schnell heraus, dass er sein umfangreiches Wissen nicht in die Praxis umsetzt.

Michael wird von ständig kreisenden Gedanken geplagt, die ihm den Schlaf rauben. Er grübelt über seinen unzufriedenen Chef, das schlecht laufende Projekt und die Angst vor einer Kündigung. Diese Sorgen führen dazu, dass er nachts wach liegt und tagsüber energielos und gestresst ist. Durch den hohen Stresspegel ist Michaels Impulskontrolle fast nicht mehr vorhanden.

Situationen, in denen er sonst überlegt und ruhig reagiert hat, regen ihn jetzt auf. Ein langsamer Autofahrer oder sein trödelnder Sohn bringen ihn schnell aus der Fassung.

Ein kritisches Mitarbeitergespräch mit seinem Chef, weil er ein Teammitglied öffentlich beschimpfte, war der Auslöser für sein Coaching. Michael hat erkannt, dass er etwas ändern muss, um seine Ängste und den daraus resultierenden Stress zu bewältigen. In dieser Coaching Session arbeiten wir daran, das Gedankenkarussell zu stoppen und Wege zu erholsamem Schlaf zu finden, damit er wieder die Kontrolle über sein Leben und seine Karriere gewinnt.

ZUERST MÜSSEN WIR SEINEN STRESSLEVEL IN DEN GRIFF BEKOMMEN. WELCHE STRESSMUSTER ZEIGT ER? WAS STRESST IHN SO SEHR?

Michael erwähnt mehrmals, dass der interne Kunde, für den er das Projektmanagement übernimmt, schon immer schwierig war. Auf meine Nachfrage, was er als schwierig empfindet, erklärt Michael, dass der Kunde ihm keinen Respekt entgegenbringt, weil Michael kein Studium hat. Dies wirft die Frage auf: Handelt es sich um einen Glaubenssatz oder um eine tatsächliche Aussage?

Ich frage Michael, wann der interne Kunde zu ihm gesagt hat, dass er ihn wegen seines fehlenden Studiums nicht respektiere. Michael schaut mich überrascht an und antwortet: *„Niemals."* Warum er das dann glaube, frage ich weiter. Er sagt, er glaubt es einfach. Hier setze ich mit einer Übung von Byron Katie, „The Work", an. Diese Methode eignet sich hervorragend, um negative und festgefahrene Gedankenspiralen, ausgelöst durch limitierende Glaubenssätze, zu durchbrechen.

Ich frage Michael: *„Bist Du Dir sicher, dass Dein interner Kunde keinen Respekt vor Dir hat, weil Du kein Studium hast?"* Michael antwortet sofort: *„Ja."* Auf die Frage: *„Kannst Du Dir zu 100 % sicher sein?"* stockt seine Antwort und er sagt zögerlich: *„Na ja, zu 100 % nicht."* Dann frage ich weiter: *„Was bewirkt der Gedanke, dass der interne Kunde Dich wegen Deines fehlenden Studiums nicht respektiert?"* Michael erklärt, dass er sich in der Gegenwart von Akademikern unsicher fühlt. Das ist auch der Grund, warum er so viele zusätzliche Ausbildungen gemacht hat. Er denkt, er wisse zu wenig und werde deshalb nicht respektiert, was ihn unsicher und wenig wertgeschätzt fühlen lässt.

Auch bei seinem Chef, der ebenfalls ein Studium abgeschlossen hat, fühlt sich Michael minderwertig. Es sind Michaels eigene Minderwertigkeitsgefühle, nicht die seines Kunden oder seines Chefs. Wir arbeiten mehrere Stunden an diesen Themen, und Michael erkennt zunehmend, dass es an ihm selbst liegt, dass er sich selbst nicht wertschätzt und respektiert, da er kein Studium hat.

Während ich weiter mit Michael spreche, frage ich ihn, wie er sich fühlt, wenn er denkt, dass sein Umfeld ihn nicht respektiert. Er zögert kurz und erzählt dann, dass er sofort zu schwitzen beginnt. Dieses Gefühl sei oft so intensiv, dass er seine Hemden durchschwitzt und ständig das Bedürfnis hat, besonders klug oder intelligent zu wirken. Fast immer spüre er dabei auch einen stechenden Schmerz im Magen. Während er mir das erzählt, wird mir bewusst, wie schwer es ihm fällt, darüber zu sprechen. Doch gleichzeitig scheint es ihn zu erleichtern.

Ich lenke seine Aufmerksamkeit darauf, dass diese Empfindungen nicht von den tatsächlichen Aussagen seines Chefs oder Kunden kommen, sondern von seinen eigenen Gedanken. *„Den Stress mache ich mir also selbst?"*, fragt Michael nachdenklich. Ich nicke.

„Wie würdest Du Dich fühlen, wenn Du diese Gedanken nicht hättest?", frage ich ihn weiter.

Michael hält inne und überlegt. *„Na ja, dann würde ich weniger schwitzen, mein Magen würde sich besser anfühlen, und ich wäre definitiv entspannter."* Ein leichtes Lächeln breitet sich auf seinem Gesicht aus, und ich kann spüren, wie sich eine Erleichterung in ihm breitmacht.

„Was wäre, wenn Du stattdessen denkst: ‚Sie respektieren mich, weil ich kompetent und erfahren bin, weil ich mich weiterbilde, weil ich handle und weil ich weiß, was ich kann'?"

Nun lacht Michael laut auf. Er versteht plötzlich, wie er seine Gedanken verändern kann, und sieht die Macht dieser neuen Überzeugung. Die Methode von Byron Katie – „The Work" – hat einmal mehr ihren Job gemacht.

DREI ZENTRALE WERKZEUGE AUS DIESEM KAPITEL

Learning Nugget

GEDANKEN SIND NICHT DIE REALITÄT

Michael glaubte fest, dass man ihn wegen seines fehlenden Studiums nicht respektiert – obwohl ihm das nie jemand gesagt hat. Eine Schlüsselerkenntnis: Unsere belastenden Gefühle entstehen oft durch ungeprüfte Gedanken, nicht durch Fakten.

DER KÖRPER REAGIERT AUF GEDANKEN – NICHT AUF SITUATIONEN

Michaels Schwitzen, Magenschmerzen und Nervosität waren direkte Folgen seiner inneren Überzeugungen. Erkenntnis: Stressreaktionen sind oft selbstgemacht – durch das, was wir über eine Situation denken, nicht durch die Situation selbst.

NEUE GEDANKEN – NEUE REALITÄT

Durch gezielte Fragen („The Work“) konnte Michael seine Glaubenssätze hinterfragen und neu formulieren. Ergebnis: Ein neuer, kraftvoller Gedanke wie „Ich werde respektiert, weil ich kompetent bin“ kann sofortige Erleichterung bringen.

„THE WORK" VON BYRON KATIE *Übung*

Wenn Michael in negativen Gedankenspiralen gefangen ist, wendet er „The Work" an. Er stellt sich die vier Fragen:

Ist das wahr?
Kann ich absolut sicher sein, dass das wahr ist?
Wie reagiere ich, was passiert, wenn ich diesen Gedanken glaube?
Wer wäre ich ohne diesen Gedanken?

Durch diese Übung erkennt Michael, dass viele seiner negativen Gedanken nicht der Realität entsprechen.

STRESSFAKTOREN & STRESSMUSTER ERKENNEN *Übung*

Jeder von uns hat Stressfaktoren, die uns belasten – sei es im Job, im Privatleben oder durch äußere Einflüsse. Oft merken wir, dass diese Stressoren uns immer wieder zu ähnlichen Reaktionen führen, sogenannte Stressmuster. Indem wir diese Faktoren bewusst erkennen und unsere Reaktionen darauf analysieren, können wir besser damit umgehen.

Hier eine ein paar Beispiele von Stressfaktoren aus meiner Coachingspraxis:

- **Veränderungen:**
  im Job, in der Familie, im Umfeld, Kinder ziehen aus, Kinder kommen, Trennung
- **Beziehungen:**
  Die Doppelbelastung von Kindern und Job oder Krankheiten in der Familie.

- **Einflüsse von außen:**
  Lärm, Gerüche oder andere unangenehme Umwelteinflüsse (deshalb ist die Gestaltung der Büros so wesentlich und wird sehr oft unterschätzt).
- **Konflikte mit anderen Menschen:**
  Unstimmigkeiten und Auseinandersetzungen.
- **Vor Menschen sprechen/präsentieren:**
  Nervosität und Unsicherheit bei öffentlichen Auftritten.
- **Finanzieller Druck:**
  Sorgen um Geld und finanzielle Stabilität.
- **Zeitdruck:**
  Zu wenig Zeit, um alle Aufgaben zu erledigen.
- **Leistungsdruck:**
  Die ständige Anforderung, perfekt zu funktionieren.
- **Zu viel zu tun:**
  Das Gefühl, von Aufgaben und Verpflichtungen überfordert zu sein.

Stressfaktoren sind individuell, das bedeutet, jeder Mensch wird durch unterschiedliche Dinge gestresst. Für einige kann es der Arbeitsdruck sein, für andere Konflikte in persönlichen Beziehungen oder finanzielle Sorgen. Trotz der individuellen Unterschiede haben alle Menschen ähnliche Stressmuster. Das heißt, unser Gehirn reagiert auf Stress auf gleiche Weise.

Zum Beispiel führt Stress zu einer „Kampf-oder-Flucht"-Reaktion, bei der der Körper auf eine Bedrohung vorbereitet wird, indem er Adrenalin ausschüttet und die Herzfrequenz erhöht. Dies ist ein allgemeines Muster, das bei allen Menschen unter starkem Stress auftritt.

Ein spezifischer Stressfaktor könnte etwa ein hohes Arbeitspensum sein. Das Gehirn nimmt dies als Bedrohung wahr, was zu Konzentrationsschwierigkeiten und Nervosität führt. Ein weiteres Beispiel wäre eine stressige familiäre Situation, die in Schlafproblemen und Reizbarkeit resultieren kann.

So zeigt sich: Auch wenn die Auslöser unterschiedlich sind, sind die Stressmuster ähnlich.

Nimm Dir die Zeit, Deine eigenen Stressfaktoren aufzuschreiben und zu hinterfragen, wie Du auf sie reagierst. Dieser Prozess hilft Dir, ein klareres Verständnis dafür zu entwickeln, was Dich belastet und wie Du besser damit umgehen kannst.

UNSER GEHIRN IM STRESS

Nach dem Modell des dreiteiligen Gehirns, wird das Gehirn in 3 Teile unterteilt.

Blau: Neocortex – hier findet das bewusste Denken statt

Gelb: Lymbisches System – hier geht es um Gefühle

Violett: Reptiliengehirn – hier geht es um niedere Körperfunktionen wie Kampf oder Flucht

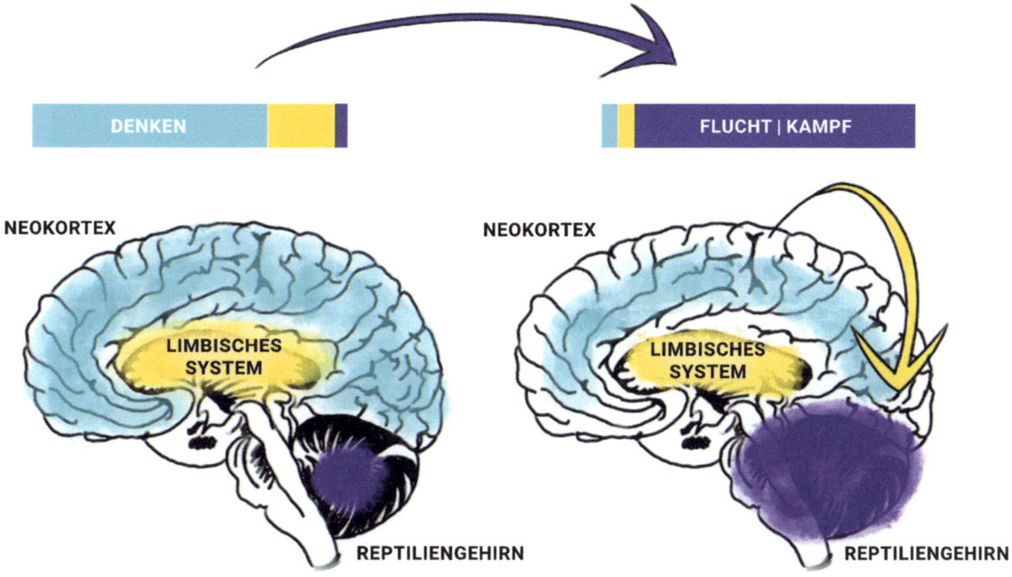

Unter dem Einfluss von Stresshormonen wird das bewusste Denken unterdrückt – das Reptiliengehirn übernimmt die Kontrolle

RESILIENZ & STRESS

Stress hat eine direkte und starke Auswirkung auf unsere mentale und körperliche Gesundheit. Wenn wir gestresst sind, schüttet unser Körper Hormone wie Cortisol und Adrenalin aus – das hilft uns in kurzfristigen Stresssituationen, schnell zu reagieren, wie etwa bei einer Gefahr. Doch wenn dieser Zustand über längere Zeit anhält, also chronisch wird, beginnt er, unseren Körper und Geist negativ zu belasten.

CHRONISCHER STRESS UND SEINE AUSWIRKUNGEN

Auf den Körper:
Langanhaltender Stress schwächt unser Immunsystem, sodass wir anfälliger für Krankheiten werden. Er kann zu Verspannungen, Kopf- und Rückenschmerzen, Verdauungsproblemen oder Schlafstörungen führen. Da der Körper ständig in Alarmbereitschaft ist, wird er nie richtig entspannt, was langfristig zu Herzproblemen oder Bluthochdruck führen kann.

Auf den Geist:
Unsere mentale Gesundheit leidet genauso unter chronischem Stress. Wir werden gereizter, ängstlicher und haben vielleicht das Gefühl, den Anforderungen des Alltags nicht mehr gewachsen zu sein. Chronischer Stress kann zu Erschöpfung, Burnout oder Depression führen, da unser Gehirn überfordert wird, wenn es sich nie richtig erholen kann.

WARUM STRESS UNSERE MENTALE GESUNDHEIT BEEINFLUSST

Stress verändert, wie wir denken und fühlen. Wenn wir gestresst sind, neigen wir dazu, alles durch eine negative Brille zu sehen. Kleine Probleme können plötzlich riesig erscheinen, und wir verlieren den Fokus auf Lösungen. Langfristig führt das dazu, dass wir uns emotional ausgelaugt fühlen, weniger belastbar werden und der mentale Druck immer größer wird.

WAS WIR TUN KÖNNEN

Es ist wichtig, regelmäßig Pausen einzulegen und sich bewusst zu entspannen, damit unser Körper und Geist sich erholen können. Techniken wie Achtsamkeit, Atemübungen oder Bewegung helfen dabei, Stress abzubauen und unsere mentale Gesundheit zu stärken. Denn wenn wir lernen, Stress zu bewältigen, unterstützen wir nicht nur unseren Körper, sondern auch unseren Geist dabei, gesund und widerstandsfähig zu bleiben.

WARUM ES SO WICHTIG IST, DASS WIR UNSER NEUES UND GEWÜNSCHTES VERHALTEN TRAINIEREN?

Das menschliche Gehirn wird oft in drei Hauptbereiche unterteilt: das Reptiliengehirn, das limbische System und den Neokortex. Diese Dreiteilung des Gehirns, auch als „Triune Brain" bekannt, wurde vom Neurowissenschaftler Paul MacLean vorgeschlagen und bietet ein vereinfachtes Modell, um die komplexe Funktionsweise unseres Gehirns zu verstehen.

Das Reptiliengehirn
Das Reptiliengehirn, auch Hirnstamm genannt, ist der älteste Teil unseres Gehirns. Es steuert grundlegende, überlebenswichtige Funktionen wie Atmung, Herzschlag, Körpertemperatur und die Kampf-oder-Flucht-Reaktion. Dieser Teil des Gehirns ist für instinktives Verhalten verantwortlich und reagiert sehr schnell auf Stresssituationen, indem er automatische und reflexartige Reaktionen auslöst.

Das Limbische System
Das limbische System, das oft als „Sitz der Emotionen" bezeichnet wird, umfasst Strukturen wie den Hippocampus, die Amygdala und den Hypothalamus. Es ist für die Regulierung von Emotionen, das Gedächtnis und die Verhaltensmotivation verantwortlich. In Stresssituationen spielt die Amygdala eine entscheidende Rolle, da sie Gefahren erkennt und emotionale Reaktionen auslöst.

Der Neokortex
Der Neokortex ist der jüngste und am weitesten entwickelte Teil des Gehirns. Er ist für höhere kognitive Funktionen wie Denken, Planen, Problemlösen, Sprache und Bewusstsein zuständig. Der Neokortex ermöglicht uns, rationale Entscheidungen zu treffen und komplexe Probleme zu lösen, ist jedoch langsamer als das Reptiliengehirn und das limbische System.

STRESS UND DAS REPTILIENGEHIRN

In Stresssituationen übernimmt das Reptiliengehirn die Kontrolle. Das bedeutet, dass unsere Reaktionen automatischer und instinktiver werden, um uns schnell vor potenziellen Gefahren zu schützen. Dies ist ein Überlebensmechanismus, der uns in gefährlichen Situationen hilft, schnell und effektiv zu reagieren.

RELEVANTE VERHALTENSWEISEN TRAINIEREN

Um mentale Gesundheit zu erlangen und in Stresssituationen adäquat zu reagieren, ist es wichtig, bestimmte Verhaltensweisen im Voraus zu trainieren. Durch wiederholtes Training können wir sicherstellen, dass wir in stressigen Momenten auf diese Verhaltensweisen zurückgreifen können, ohne lange nachdenken zu müssen. Dies geschieht durch die Bildung von neuronalen Verbindungen, die diese Verhaltensweisen im Gehirn verankern.

AUTOMATISIERTES ABRUFEN

Durch kontinuierliches Training und Wiederholung werden die erlernten Verhaltensweisen in unserem Gehirn automatisiert gespeichert. Wenn wir uns dann in einer Stresssituation befinden und das Reptiliengehirn die Kontrolle übernimmt, können wir auf diese erlernten Muster zurückgreifen. Dies hilft uns, auch unter Druck angemessen und effektiv zu handeln, anstatt ausschließlich instinktiv und möglicherweise unüberlegt zu reagieren.

FAZIT

Das Verständnis des dreiteiligen Gehirns und der Mechanismen, die in Stresssituationen wirken, ist entscheidend für die Förderung der mentalen Gesundheit. Indem wir gezielt positive Verhaltensweisen trainieren und automatisieren, können wir sicherstellen, dass wir auch in stressigen Momenten angemessen reagieren und unsere mentale Stabilität bewahren.

DAS LERNMODELL NACH GREGORY BATESON

WIE RESILIENZ IM ZUSAMMENHANG MIT DEM LERNMODELL VON BATESON TRAINIERT WERDEN KANN

Gregory Bateson, ein bedeutender Anthropologe und Systemtheoretiker, hat in seinen Arbeiten wichtige Erkenntnisse darüber geliefert, wie Menschen lernen und sich an komplexe Situationen anpassen. In Bezug auf Resilienz und die Fähigkeit, in stressigen Situationen in die unbewusste Kompetenz zu gelangen, bietet sein Lernmodell wertvolle Perspektiven.

Um in stressigen Situationen in die unbewusste Kompetenz zu gelangen, ist es notwendig, sowohl das erste als auch das zweite Lernen regelmäßig zu trainieren. Dies kann durch bewusste Übung, Reflexion und Wiederholung erreicht werden. Deshalb habe ich Dir in diesem Buch so viele Übungen zur Auswahl angeboten und das TUN und UMSETZEN in den Fokus gestellt:

Training der ersten Ordnung (Lernen 1. Ordnung):
In stressigen Momenten kann es hilfreich sein, zunächst bestimmte Techniken zu erlernen, die Dir helfen, ruhig zu bleiben wie Atemübungen, Achtsamkeit oder spezifische Handlungsmuster. Alle Übungen findest Du in meinem Buch. Diese Fertigkeiten müssen geübt werden, bis sie so automatisiert sind, dass sie in stressigen Momenten „natürlich" abrufbar sind. Je öfter Du solche Techniken trainierst, desto leichter wird es, in stressigen Situationen angemessen zu reagieren.

Training der zweiten Ordnung (Lernen 2. Ordnung):
Diese Ebene bezieht sich darauf, wie Du bewusst auf Deine eigenen Stressreaktionen und emotionalen Muster achtest und sie hinterfragst. Wenn Du zum Beispiel merkst, dass Du bei Stress schnell in eine Panikreaktion verfällst, kannst Du reflektieren, warum das so ist und welche alternativen Denk- oder Verhaltensmuster hilfreich wären. Hier geht es darum, das eigene Verhalten zu analysieren und zu verändern, um resilienter auf Stress zu reagieren.

Training der dritten Ordnung (Lernen 3. Ordnung):
Auf dieser tiefsten Ebene geht es darum, Deine Fähigkeit zu trainieren, das Lernen an sich zu steuern. Du reflektierst, wie Du in Stresssituationen denkst, fühlst und handelst, und entwickelst ein mentales Modell, das Dich kontinuierlich stärkt. Dies könnte die Integration von Meta-Kognition sein – das Nachdenken über Deine Denkprozesse, um langfristig resiliente Muster in Deinem Leben zu etablieren.

DER WEG ZUR UNBEWUSSTEN KOMPETENZ IM STRESS

Die unbewusste Kompetenz im Umgang mit Stress zu erreichen, bedeutet, dass Du Dir der erlernten Techniken und Verhaltensmuster so sicher und gelassen bist, dass sie in herausfordernden Momenten automatisch abgerufen werden können. Das ist vergleichbar mit dem Erlernen eines Instruments: Anfangs musst Du Dich auf jede Bewegung konzentrieren und jede Note bewusst üben, doch mit der Zeit kannst Du das Instrument spielen, ohne an jede einzelne Geste denken zu müssen. Oder das Erlernen des Autofahrens, Skifahrens oder einer anderen Sportart.

In Bezug auf Stress und Resilienz ist der Schlüssel, durch regelmäßiges Üben und Reflektieren immer mehr Verhaltensweisen zu entwickeln, die Dich in schwierigen Momenten nicht nur stabil halten, sondern auch Deine Fähigkeit zur Flexibilität und Anpassung stärken. Dies kann durch achtsames Üben und kritisches Reflektieren Deiner Reaktionen auf Stress geschehen, sodass Du nach und nach immer besser im Umgang mit Herausforderungen wirst – bis Du irgendwann in schwierigen Situationen instinktiv und automatisch resilient und handlungsfähig reagierst.

NOTIZEN

Session 04

Coaching Session 04

„LÄCHELN UM JEDEN PREIS" DIE LAST DER ERWARTUNG 04

Anna, eine 35-jährige Wirtschaftsingenieurin, arbeitet als Unternehmensberaterin bei einer renommierten Beratungsfirma. Ihre schnelle Auffassungsgabe, Kreativität und strategische Expertise machen sie bei Kunden, die innovative Wege zur Kundengewinnung suchen, unverzichtbar. Ihr technisches und wirtschaftliches Wissen ermöglicht es ihr, sowohl Produktions- als auch Dienstleistungsunternehmen zu beraten. Ihre Karriere verlief bisher sehr erfolgreich, da sie umgänglich ist und stets bemüht, Lösungen zu finden. Als High Potential besuchte sie ein internes Development Center (DC), um sich auf ihren nächsten Karriereschritt zur Engagement Managerin (da hätte Sie dann ein Team von Junior & Senior-Beratern zu führen) vorzubereiten. Ein Development Center wird häufig in größeren Unternehmen als Entwicklungsprogramm für Talente eingesetzt. Es wird von externen

Beraterinnen, die die internen Kandidaten nicht kennen, durchgeführt, um die Stärken und Entwicklungspotenziale von den Teilnehmerinnen aufzuzeigen.

Das Feedback aus dem Development Center war jedoch unerwartet negativ. Ein externer Berater bemerkte, dass Anna oft durch schwierige Situationen hindurch lächelt, selbst wenn ein Lächeln nicht angebracht ist. Zudem verkaufe sie sich unter Wert und es fehle ihr an Selbstvermarktung. Neugierig auf dieses Feedback, insbesondere das Lächeln, bereitete ich mich auf unsere erste Coaching-Session vor.

Anna erschien pünktlich und lächelte mir entgegen, und sie drückte ihre Freude über das Coaching aus. Ich fragte sie, was sie von unseren Coachingeinheiten erwartete, und sie lächelte erneut und sagte, dass sie sich überraschen lasse. Als ich das Feedback des DC erwähnte und fragte, ob sie damit beginnen wolle, lächelte sie und nickte. Ich bat sie, das simulierte Verkaufsgespräch aus dem Development Center zu schildern. Sie beschrieb den Kunden als direkten, logisch-analytischen IT-Manager, der an ihrer Kompetenz zweifelte. Während ihrer Erzählung lächelte sie ständig.

Ihre verbale und nonverbale Kommunikation passte nicht zusammen. Warum lächelte sie, wenn sie kritisiert wurde? Auf die Frage, ob sie die Kritik gestört habe, antwortete sie ja, und dass sie sich geärgert habe. Ich fragte, ob sie immer lächelt, wenn sie sich ärgert, und wie ich erkennen könne, wenn sie verärgert ist. Sie konnte nicht antworten. Sie war sich bewusst, dass ihre verbalen und nonverbalen Signale nicht immer übereinstimmten, eine Gewohnheit, die sie sich antrainiert hatte. Ich sagte ihr, dass sie bei mir nicht lächeln müsse und ihre wahren Gefühle ausdrücken könne.

Ich gab ihr eine Übung mit: Sie sollte sich täglich vor den Spiegel stellen und ihre Mimik variieren, um zu fühlen, wie es ist, ärgerlich, wütend oder traurig zu schauen. Wir würden mit Videos, Collagen, Flipcharts und Fotos experimentieren. Anna begann, Spaß daran zu haben, mehr als nur Lächeln zu zeigen.

Eine weit verbreitete Theorie betont die Bedeutung nonverbaler Signale in der Kommunikation: Nur 7 % der Kommunikation sind verbal (durch Worte), 38 % paraverbal (Tonfall, Lautstärke) und 55 % nonverbal (Körpersprache, Mimik). Diese Theorie, obwohl spezifisch für die Kommunikation von Gefühlen und Einstellungen, verdeutlicht, warum das Feedback aus dem DC Annas Bedarf hervorhob, ihre nonverbale Kommunikation ihrer Stimmung anzupassen, wenn sie von ihrem Umfeld als kompetent wahrgenommen werden möchte. Aber vor allem auch für sich selbst. Es ist unsagbar anstrengend, ständig zu lächeln, wenn man sich ärgert oder traurig ist.

In den nächsten Monaten lernte Anna, ihre nonverbale Kommunikation ihrer Stimmung anzupassen bzw. sich zu trauen, ihre tatsächliche Stimmungslage zu zeigen. Das half ihr auch, sich besser zu vermarkten. Dazu gehörte, ihren Ärger verbal und nonverbal auszudrücken, was ihr ein authentischeres Gefühl gab, und ihre Kompetenz steigerte.

Wir konzentrierten uns auch auf ihre Selbstvermarktung, häufig eine Herausforderung für Frauen im Vergleich zu Männern. Frauen haben oft Schwierigkeiten mit Selbstmarketing, weil sie es nicht gelernt haben und es ihnen schwerfällt, ihre Talente und Fähigkeiten zu präsentieren oder zu verkaufen. Hier sind einige Vorteile der Selbstvermarktung, die ich mit Anna besprochen habe, damit sie dies als selbstverständlich für ihren Erfolg und ihr Wohlbefinden ansieht:

Selbstbewusstsein stärken:
Eines der mächtigsten Werkzeuge für persönliches Wachstum ist das Bewusstsein für die eigenen Erfolge. Sich selbst regelmäßig anzuerkennen, ist der erste Schritt zu echter Selbstsicherheit. Für viele, wie auch für Anna, kann es zunächst schwierig sein, sich selbst für gute Leistungen zu loben oder diese überhaupt als solche zu erkennen.

Persönliches Branding:
Eine starke persönliche Marke lässt dich aus der Masse herausstechen und hinterlässt einen bleibenden Eindruck. Gemeinsam haben wir Annas einzigartige Stärken und Talente identifiziert und daraus ihre persönliche Marke entwickelt. Diese Marke diente ihr als Anker, der sie durch jede Präsentation und jedes Gespräch begleitete. Mit der Zeit wurde es für Anna natürlich, ihre Marke zu verkörpern und damit ihre Position zu stärken.

Berufliches Wachstum:
Selbstvermarktung öffnet die Tür zu neuen Herausforderungen und damit zu wertvollem Wachstum. Aber warum ist das so? Sichtbarkeit bringt nicht nur Anerkennung, sondern macht auch angreifbar. Viele, insbesondere Frauen, scheuen diese Sichtbarkeit aus Angst vor Kritik. Doch jede Medaille hat zwei Seiten: Sich sichtbar zu machen bedeutet, sich zu positionieren – und das heißt auch, nicht mehr „everybody's darling" zu sein. Doch genau darin liegt die Chance, beruflich zu wachsen und sich weiterzuentwickeln.

Mentale Gesundheit:
Das bewusste Erkennen und Feiern der eigenen Erfolge fördert ein positives Selbstbild und reduziert Stress. In meiner Arbeit sehe ich die mentale Gesundheit als eine der zentralen Kompetenzen der Zukunft. Dazu gehört auch zu wissen, auf welche eigenen Ressourcen man in herausfordernden

Situationen zurückgreifen kann. Für Anna war es anfangs nur ein Lächeln, das ihr Halt gab. Mit der Zeit entwickelte sie jedoch mehrere Strategien, auf die sie zurückgreifen konnte. Das ist wahre Resilienz: die Fähigkeit, sich flexibel auf unterschiedliche Situationen anzupassen und gestärkt daraus hervorzugehen.

Durch die Nutzung dieser Vorteile begann Anna, die Selbstvermarktung als natürlichen und vorteilhaften Teil ihres Berufslebens zu sehen.

NONVERBALE KOMMUNIKATION

Learning Nugget

Wie der bewusste Einsatz der nonverbalen Kommunikation zu mehr Selbstsicherheit führen kann

Nonverbale Kommunikation spielt eine entscheidende Rolle in unserem täglichen Leben und kann maßgeblich dazu beitragen, unser Selbstvertrauen zu stärken. Sie umfasst Mimik, Gestik, Körperhaltung, Blickkontakt und sogar unseren Kleidungsstil. Der bewusste Einsatz dieser nonverbalen Signale kann nicht nur unsere eigene Wahrnehmung von Selbstsicherheit verbessern, sondern auch die Art und Weise, wie andere uns wahrnehmen.

1. KÖRPERHALTUNG UND SELBSTBEWUSSTSEIN

Eine aufrechte Körperhaltung signalisiert Selbstbewusstsein und Kompetenz. Wenn du aufrecht stehst oder sitzt, mit zurückgezogenen Schultern und erhobenem Kopf, vermittelst du nicht nur anderen Menschen einen starken Eindruck, sondern beeinflusst auch deine eigene Gefühlslage. Studien haben gezeigt, dass eine selbstbewusste Körperhaltung die Produktion von Testosteron (dem Hormon, das mit Selbstbewusstsein in Verbindung gebracht wird) erhöht und gleichzeitig den Stresshormonspiegel senkt. Durch die bewusste Anpassung deiner Körperhaltung kannst du dich also tatsächlich selbstsicherer fühlen.

Das Experiment von Amy Cuddy zur „Körperhaltung" (Body Language bzw. Power Posing) untersucht, wie Körperhaltungen unser Selbstbewusstsein und unsere Hormone beeinflussen können. Ihre Forschung legt nahe, dass sogenannte „Power-Posen", bei denen man sich groß und expansiv macht, das Selbstvertrauen erhöhen und sogar physiologische Veränderungen hervorrufen können.

DAS EXPERIMENT

Versuchsaufbau:

- Die Teilnehmer wurden zufällig in zwei Gruppen aufgeteilt.
- Eine Gruppe nahm für zwei Minuten eine „Power-Positur" ein, zum Beispiel mit ausgebreiteten Armen oder in einer aufrechten, selbst bewussten Haltung/Wonder Woman.
- Die andere Gruppe nahm eine „Low-Power-Positur" ein, bei der sie sich klein und schlaff machten, etwa in einer gebückten Haltung mit verschränkten Armen. Oder wenn wir auf unserem Smart-Telefonen tippen.

Nach den zwei Minuten mussten die Teilnehmer an einem simulierten Bewerbungsgespräch teilnehmen. Dabei wurden ihre Leistungen bewertet, und es wurden hormonelle Veränderungen gemessen.

Ergebnisse:

- Diejenigen, die eine „Power-Positur" eingenommen hatten, berichteten von einem stärkeren Gefühl des Selbstbewusstseins.
- Messungen zeigten, dass sie nach der Pose einen höheren Testosteronspiegel (ein Hormon, das mit Dominanz und Selbstbewusst sein assoziiert wird) und einen niedrigeren Cortisolspiegel (ein Stresshormon) aufwiesen.
- Diese Teilnehmer schnitten bei den Bewerbungsgesprächen besser ab und wirkten auf Beobachter kompetenter und überzeugender.

Cuddys These war, dass sich unser Verhalten und unsere Körperhaltung gegenseitig beeinflussen: Nicht nur beeinflusst unsere Haltung, wie andere uns wahrnehmen, sondern sie beeinflusst auch, wie wir uns selbst fühlen.

Kontroverse:

In den Jahren nach der Veröffentlichung der Studie gab es Diskussionen über die Reproduzierbarkeit der Ergebnisse. Einige Forscher fanden in ihren eigenen Experimenten nicht die gleichen physiologischen Effekte (besonders bei Hormonen), aber viele stimmten darin überein, dass die Körperhaltung einen Einfluss auf das subjektive Erleben von Selbstbewusstsein hat. Amy Cuddy betont in ihrer Studie nun stärker die psychologischen Effekte von Power-Posen, besonders das gesteigerte Selbstvertrauen.

2. GESTIK UND AUSDRUCKSKRAFT

Die Verwendung offener und ausdrucksstarker Gesten kann dazu beitragen, Deine Aussagen zu unterstreichen und Deine Kommunikation effektiver zu gestalten. Offene Gesten, bei denen Deine Handflächen sichtbar sind, signalisieren Ehrlichkeit und Aufrichtigkeit. Achte darauf, Deine Gesten kontrolliert und passend zu Deinen Worten einzusetzen. Dies wird Dir helfen, Deine Botschaften klarer und überzeugender zu vermitteln, was wiederum Dein Selbstvertrauen stärkt.

3. BLICKKONTAKT UND VERBINDUNG

Direkter Blickkontakt ist ein kraftvolles Mittel, um Selbstsicherheit zu zeigen. Er stellt eine Verbindung zu Deinem Gesprächspartner her und signalisiert Aufmerksamkeit und Interesse. Durch bewussten und gleichmäßigen Blickkontakt kannst Du nicht nur Dein Gegenüber besser einschätzen, sondern auch Deine eigene Präsenz im Gespräch erhöhen. Dies trägt dazu bei, dass Du Dich souveräner und selbstbewusster fühlst.

4. MIMIK UND EMOTIONEN

Deine Mimik spiegelt Deine Emotionen wider und kann Deine Worte entweder unterstützen oder ihnen widersprechen. Ein authentisches Lächeln kann beispielsweise Freundlichkeit und Selbstvertrauen vermitteln. Achte darauf, Deine Mimik bewusst einzusetzen, um Deine Aussagen zu unterstreichen und Deine Emotionen klar zu kommunizieren. Dies hilft Dir, als authentisch und selbstsicher wahrgenommen zu werden.

5. KLEIDUNG UND ÄUSSERES ERSCHEINUNGSBILD

Auch Deine Kleidung und Dein äußeres Erscheinungsbild spielen eine wichtige Rolle in der nonverbalen Kommunikation. Sich dem Anlass entsprechend zu kleiden und auf ein gepflegtes Äußeres zu achten, kann Dein Selbstbewusstsein erheblich steigern. Wenn Du Dich in Deiner Kleidung wohl und kompetent fühlst, strahlst Du dies auch aus. Der bewusste Einsatz von Kleidung als Kommunikationsmittel kann Dir helfen, in verschiedenen Situationen selbstsicherer aufzutreten.

Der bewusste Einsatz Deiner nonverbalen Kommunikation ist ein mächtiges Werkzeug, um mehr Selbstsicherheit zu erlangen. Durch die Anpassung Deiner Körperhaltung, Gestik, Mimik, Deines Blickkontakts und Deines äußeren Erscheinungsbildes kannst Du nicht nur Deine eigene Wahrnehmung von Selbstsicherheit stärken, sondern auch die Art und Weise, wie andere Dich wahrnehmen, positiv beeinflussen.

Wichtig: Du musst Dich jedoch immer mit Deiner nonverbalen Kommunikation wohlfühlen. Wenn Du nicht der Typ für ausladende Gesten und Mimik bist, dann mache das bitte auch nicht. Du kannst Deine bevorzugte nonverbale Kommunikation verstärken und bewusst auf die zuvor beschriebene Weise einsetzen. Jedoch nur, wenn Du Dich damit wohlfühlst. Bist Du nicht der Typ für Mimik und Gestik, dann verstärke Deine natürliche Art.

BEWUSSTE WAHRNEHMUNG DEINER NONVERBALEN KOMMUNIKATION

Übung

Ziel: Diese Übung hilft Dir, Deine nonverbale Kommunikation im Alltag bewusster wahrzunehmen und gezielt einzusetzen, sei es in einem Meeting, einem Gespräch mit dem Partner oder der Freundin.

ANLEITUNG

Vorbereitung:
Nimm Dir vor, bei Deinem nächsten Gespräch (ob beruflich oder privat) bewusst auf Deine nonverbale Kommunikation zu achten. Wähle ein spezifisches Gespräch oder ein Meeting, bei dem Du diese Übung anwenden möchtest.

Körperhaltung überprüfen:
Achte zu Beginn des Gesprächs auf Deine Körperhaltung. Stehst oder sitzt du aufrecht? Sind Deine Schultern entspannt und zurückgezogen? Richte Dich bewusst auf, um Selbstbewusstsein auszustrahlen.

Blickkontakt bewusst einsetzen:
Stelle bewusst Blickkontakt zu Deinem Gesprächspartner her. Halte den Blickkontakt gleichmäßig und vermeide es, ständig wegzusehen.

Beobachte, wie sich der Blickkontakt auf die Dynamik des Gesprächs auswirkt.

Gestik beobachten und steuern:
Nutze offene und entspannte Gesten, um Deine Aussagen zu unterstreichen. Achte darauf, dass Deine Gesten deine Worte unterstützen, ohne dabei übertrieben zu wirken. Versuche, Deine Handflächen sichtbar zu halten, um Offenheit zu signalisieren.

Mimik bewusst einsetzen:
Achte darauf, wie Deine Mimik Deine Botschaft unterstützt. Ein freundliches Lächeln, ein zustimmendes Nicken oder ein nachdenklicher Ausdruck können die Wirkung Deiner Worte verstärken. Versuche, authentisch zu bleiben und Deine Emotionen klar auszudrücken.

Atmung und Stimme kontrollieren:
Nimm bewusst wahr, wie Du atmest und sprichst. Atme ruhig und tief, um entspannt zu bleiben. Achte darauf, in einem gleichmäßigen Tonfall zu sprechen, der Deine Worte unterstreicht und Autorität vermittelt.

Selbstreflexion nach dem Gespräch:
Nach dem Gespräch oder Meeting nimm Dir einen Moment Zeit, um darüber nachzudenken, wie gut es Dir gelungen ist, Deine nonverbale Kommunikation bewusst einzusetzen. Welche Reaktionen hast Du bei Deinem Gesprächspartner bemerkt? Hat sich Deine bewusste Kontrolle der Körpersprache auf das Gespräch ausgewirkt?

BEWUSSTE WAHRNEHMUNG DER NONVERBALEN KOMMUNIKATION DEINER GESPRÄCHSPARTNER *Übung*

Zusätzlich zu Deiner eigenen Körpersprache solltest Du auch die nonverbale Kommunikation Deiner Gesprächspartner aufmerksam beobachten. Achte darauf, wann jemand Drohgebärden verwendet, wie zum Beispiel einen erhobenen Finger, einen zu festen Händedruck oder das Missachten der persönlichen Distanz. Was kannst Du aus diesen Signalen ablesen? Welche Botschaften werden möglicherweise ohne Worte vermittelt, und wie kannst Du aus diesen Informationen lernen?

Ein wichtiger Punkt ist jedoch, dass Du die nonverbale Kommunikation immer im richtigen „Kontext“ betrachten musst. Beispielsweise kann jemand die Arme vor der Brust verschränken, weil die Person sich unsicher oder defensiv fühlt – oder einfach, weil ihr kalt ist. Nonverbale Signale sind nicht immer eindeutig und sollten stets mit dem Umfeld und der Situation verglichen werden.

Joe Navarro, ein ehemaliger FBI-Agent und Experte für Körpersprache, hat in seinem Buch „What Every Body is Saying“ (deutsch: „Menschen lesen: Ein FBI-Agent erklärt, wie man Körpersprache entschlüsselt“*) zahlreiche Beispiele aus seiner Arbeit aufgeführt. Er betont, dass die Beobachtung der nonverbalen Kommunikation allein nicht ausreicht, um sichere Rückschlüsse zu ziehen – es ist wichtig, auch die Umstände zu berücksichtigen. So kann etwa eine Person, die während eines Gesprächs unruhig mit den Füßen wippt, nervös sein – oder einfach lange gesessen haben und sich dehnen wollen.

Navarro erklärt, wie FBI-Agenten die nonverbalen Signale eines Verdächtigen genau beobachten, um zwischen unehrlichem und ehrlichem Verhalten zu unterscheiden. Ein klassisches Beispiel ist der „Fluchtreflex“: Wenn jemand beginnt, sich im Stuhl zurückzulehnen oder die Füße in Richtung Ausgang zu bewegen, könnte dies ein Zeichen von Stress oder Fluchtbereitschaft sein. Doch auch hier gilt: Es kommt auf den Kontext an – die Person könnte auch einfach nur müde sein.

Durch die Kombination von Kontext und der genauen Beobachtung von Körpersignalen kannst Du lernen, verborgene Emotionen und Absichten besser zu erkennen und in Gesprächen entsprechend zu reagieren.

So wird deutlich, dass die Interpretation von Körpersprache immer in Zusammenhang mit der jeweiligen Situation und den äußeren Umständen stehen muss. Joe Navarro zeigt in seinem Buch, wie wichtig der Kontext bei der Analyse nonverbaler Kommunikation ist.

NOTIZEN

Session 05

Coaching Session 05

DIE SITUATION IST MEIN COACH... ICH LERNE JEDEN TAG 05

Thomas ist Bereichsleiter Marketing in einem großen Konzern. Er sieht sich selbst als strategischen Innovator, der seine Talente fördert und fordert. Doch das Ergebnis eines 360-Grad-Feedbacks wirft ein anderes Licht auf ihn. Sichtlich erschöpft und genervt kommt er zur ersten Coaching-Session. Befragt wurden 15 seiner Abteilungsleiter, 10 Kolleginnen auf derselben Ebene, sein Vorgesetzter und 5 seiner externen Kunden. Das Feedback seiner direct reports (Mitarbeiterinnen) regt ihn maßlos auf: Ihm wird vorgeworfen, ständig zu kontrollieren, wenig Freiraum zu lassen und nicht offen für neue Ideen zu sein.

Das Eigen- und Fremdbild klaffen hier weit auseinander, und Thomas ist schlecht gelaunt und gestresst. Ständig geht er das Feedback durch, versucht herauszufinden, wer was gesagt hat, und wird dabei persönlich. Im Coaching erzählt er mir von den Schwächen seiner Mitarbeiterinnen. Auf die Frage, wie er sich dabei fühlt, wird er aggressiv: *„Na, wie soll ich mich schon dabei fühlen? Wie würden Sie sich fühlen?"*

Ich frage erneut: *„Wie fühlen Sie sich mit diesem Feedback?"* Er antwortet: *„Schlecht, und es stimmt nicht! Ich kontrolliere nur, wenn ich den Eindruck habe, dass die Abteilungsleiter nicht das tun, was ich sage oder möchte."* Interessant denke ich.

Ich merke, dass wir so nicht weiterkommen, und frage nach dem Feedback seines Vorgesetzten. Dieses ist für Thomas erfreulicher: Sein Chef lobt ihn für seine hohen Umsetzungsfähigkeiten und gibt ihm die höchste Punktezahl. Dieses positive Feedback entspannen Thomas sichtlich.

Ich gehe jetzt nochmals auf das Feedback seiner Mitarbeiter ein: *„Was stört Sie am meisten? Dass Sie als Kontrolleur beschrieben werden oder dass Sie nicht offen für neue Ideen sind?"* Nach kurzem Überlegen antwortet er, dass ihn die Wahrnehmung als Kontrolleur am meisten stört. Er wirkt jetzt ruhiger und ziemlich erschöpft. Die aggressive Haltung ist weg, zurück bleibt ein mutloser Bereichsleiter. Damit können wir beginnen zu arbeiten.

„Warum ist es für Sie so schlimm, als Kontrolleur wahrgenommen zu werden?", frage ich. *„Was könnte daran gut sein?"* Ich versuche, die Perspektive bewusst für ihn zu wechseln. *„Na ja, ich habe ein hohes Verantwortungsbewusstsein und will, dass die Aufgaben umgesetzt und erledigt werden"*, sagt Thomas überzeugt und mit mehr Energie.

„Haben Sie das schon mal Ihren Mitarbeiterinnen gesagt?", frage ich. „Nein", antwortet er und schweigt. Ich lasse das so stehen und gehe bewusst mit ihm die guten Fähigkeiten seiner Abteilungsleiter durch. Warum? Weil es wichtig ist, die Perspektive zu wechseln. Wenn er sich weiterhin nur auf das Negative seiner Mitarbeiterinnen konzentriert, wird die Stimmung im Team immer schlechter. Wir müssen an seinem Vertrauen und einer offenen Kommunikation mit seinem Team arbeiten.

Ich gebe ihm die erste Aufgabe: Bis zum nächsten Coaching soll er jeweils drei Stärken seiner 15 Abteilungsleiter aufschreiben und mit konkreten Beispielen untermauern. Außerdem soll er dasselbe für sich selbst tun. Das Feedback seines Vorgesetzten, seiner Kolleginnen und seiner Kunden ist ausgesprochen gut, aber Thomas hat das gar nicht wahrgenommen. Auch das ist ein Verhaltensmuster, das wir im Coaching bearbeiten:

Er richtet seinen Blick mehr auf das Negative als auf das Positive – sowohl bei anderen als auch bei sich selbst.

Wir beginnen mit einer wohlwollenden und optimistischen Haltung gegenüber sich selbst und auch gegenüber seinen Mitarbeiterinnen.

Eine optimistische Haltung ist für Deine Resilienz wichtig, weil sie eine zentrale Rolle dabei spielt, wie Du mit Stress, Herausforderungen und Rückschlägen umgehst. Hier sind einige Gründe, warum Optimismus Deine Resilienz stärkt:

Wenn Du optimistisch bist, tendierst Du dazu, Herausforderungen als lösbare Probleme zu betrachten. Anstatt Dich auf die negativen Aspekte zu konzentrieren, suchst Du aktiv nach Lösungen und Möglichkeiten, um Schwierigkeiten zu überwinden. Diese positive Einstellung fördert Deine Bereitschaft, neue Wege zu gehen und kreativ zu denken. Als Optimist neigst Du dazu, Stress als vorübergehend und beherrschbar wahrzunehmen. Das verringert das Risiko, dass Du Dich von schwierigen Situationen überwältigt fühlst. Stattdessen bleibst Du eher ruhig und konzentriert, was Dir hilft, effektiver mit stressigen Situationen umzugehen. Optimisten ziehen oft positive Beziehungen an und sind besser darin, soziale Unterstützung zu mobilisieren. Diese Unterstützung kann in schwierigen Zeiten entscheidend sein, da sie Dir hilft, Herausforderungen zu bewältigen.

Zusammengefasst trägt eine optimistische Haltung dazu bei, dass Du Herausforderungen proaktiv und zuversichtlich angehst, was Deine Fähigkeit stärkt, Dich nach schwierigen Situationen zu erholen und daran zu wachsen.

Im Coaching hat Thomas folgende Denkweisen für sich neu entwickelt:

PERSPEKTIVEN-WECHSEL

Learning Nugget

Thomas hat sich bewusst darin geübt, seinen Fokus auf das Positive zu richten, um eine optimistische Einstellung zu entwickeln. Thomas erhielt negatives Feedback und war zunächst verunsichert. Doch anstatt sich davon entmutigen zu lassen, lernte er, bewusst einen Perspektivenwechsel vorzunehmen. Gemeinsam legten wir den Fokus auf die positiven Aspekte des negativen Feedbacks und auch in seinem Umfeld. Dazu erhielt Thomas die Aufgabe, täglich drei positive Dinge – sei es eine Situation, ein Gespräch oder eine Begegnung – in sein Coaching-Tagebuch zu schreiben. Obwohl er anfangs skeptisch war, welchen Nutzen „diese einfache Übung" haben sollte, erkannte er nach drei Monaten den Mehrwert für sich. Heute, fünf Jahre nach seinem Coaching, führt er diese Übung noch immer mit Überzeugung durch.

Für Managerinnen ist es oft eine Herausforderung ihre Gefühle zu benennen und dann auszusprechen. Oft haben sie gelernt, die Gefühle zu rationalisieren und darüber hinwegzugehen. Das geht eine gewisse Zeit gut, nur irgendwann holen sie diese Gefühle ein. Das kann dann in einer Erschöpfungsdepression enden.

Sein Motto: „Die Situation ist mein Coach und ich lerne jeden Tag" hat für Thomas die Chance, dass er auch in unangenehmen Situationen offen für Neues bleibt. Er nimmt Situationen leichter an, ohne sofort in eine kritische Bewertung zu gehen.

Seinen Mitarbeiterinnen fiel seine neue Haltung nach einiger Zeit positiv auf. Gemeinsam haben sie für den Bereich das Motto „die Situation ist unser Coach und wir lernen jeden Tag" als Credo für neue oder unangenehme Situationen entwickelt.

PERPEKTIVEN-WECHSEL *Übung*

Nachfolgende Übung soll Dir helfen, einen bewussten Perspektivenwechsel bei negativen Gedanken vorzunehmen. Sie hilft Dir, negative Gedankenmuster zu durchbrechen und neue, positivere Perspektiven einzunehmen.

SCHRITT 1: NEGATIVE GEDANKEN IDENTIFIZIEREN

Nimm Dir bitte einen Moment Zeit, um Deine aktuellen negativen Gedanken zu erkennen und aufzuschreiben. Überlege Dir dabei:

Welche negativen Gedanken beschäftigen Dich gerade?
Beispiel: „Ich schaffe das nie" oder „Alles geht schief".

In welchen Situationen treten diese Gedanken besonders häufig auf?
Beispiel: Bei der Arbeit, in sozialen Situationen oder zu Hause.

SCHRITT 2: URSACHEN VERSTEHEN

Reflektiere über die Ursachen Deiner negativen Gedanken:

- **Was hat diese Gedanken ausgelöst?**
  Beispiel: Eine schwierige Aufgabe, ein Streit mit einem Freund oder eine Enttäuschung.
- **Welche Gefühle begleiten diese Gedanken?**
  Beispiel: Angst, Frustration, Traurigkeit.

SCHRITT 3: PERSPEKTIVENWECHSEL ÜBEN

Jetzt übe, Deine negativen Gedanken aus einer anderen Perspektive zu betrachten. Nutze dafür folgende Techniken:

Rationalisieren:
Hinterfrage die Realität Deiner negativen Gedanken.

Beispiel: „Ist es wirklich wahr, dass ich das nie schaffe? Habe ich nicht schon ähnliche Herausforderungen gemeistert?"

Positive Aspekte finden:
Suche nach etwas Positivem oder einer Lernmöglichkeit in der Situation.

Beispiel: „Diese Aufgabe ist zwar schwierig, aber sie gibt mir die Chance, neue Fähigkeiten zu entwickeln."

Die „Vogelperspektive" nutzen:
Stell Dir vor, Du betrachtest die Situation von oben wie ein Vogel. Wie wirkt sie aus der Entfernung?

Beispiel: „In ein paar Monaten wird das nicht mehr so wichtig sein. Was kann ich jetzt tun, um die Situation zu verbessern?"

Perspektivwechsel durch andere Rollen:
Versetze Dich in die Rolle eines neutralen Beobachters oder eines Freundes.

Was würden sie zu Deinen Gedanken sagen?

Beispiel: „Was würde mein bester Freund mir in dieser Situation raten?“

Bitte wähle für Dich aus den 4 Möglichkeiten jene, die Dir am besten gefällt. Es hängt oft von unseren bevorzugten Verhaltensweisen ab. Oder Du kannst alle ausprobieren.

SCHRITT 4: POSITIVE AFFIRMATIONEN

Beende die Übung mit positiven Affirmationen. Schreibe drei positive Aussagen auf, die Deine negativen Gedanken ersetzen können. Wiederhole diese Affirmationen mehrmals, um Dich auf die neue Perspektive zu fokussieren:

Positive Aussage 1:
Ich habe schon viele Herausforderungen gemeistert und werde auch diese schaffen.

Positive Aussage 2:
Ich lerne und wachse mit jeder Erfahrung.

Positive Aussage 3:
Ich bin fähig und stark.

Mit regelmäßiger Übung wirst Du immer besser darin, negative Gedanken in positive und resilientere Einstellungen umzuwandeln. Es ist eine Sache der Übung. Wenn Du dranbleibst und es regelmäßig wiederholst, egal welche Übung, dann wirst Du die Art zu denken und das neue Verhalten trainieren, um deine Resilienz zu optimieren.

NOTIZEN

Session 06

Coaching Session 06

ES DARF AUCH MAL LEICHT SEIN 06

Wolfgang ist ein selbständiger Unternehmensberater und leitet seit 15 Jahren erfolgreich ein Unternehmen mit 80 Mitarbeiterinnen. Hauptsächlich ist er in der IT- und Prozessberatung im öffentlichen Sektor tätig. Seine Aufträge sind langfristig und werden größtenteils über Ausschreibungen vergeben. Wolfgang liebt, was er tut, und ist im öffentlichen Bereich bestens vernetzt. Er kennt seine Consultants und deren Familien gut, was sein Unternehmen wie eine große Familie erscheinen lässt.

Doch seit einiger Zeit läuft es nicht mehr so rund. Die Ausschreibungen sind komplexer und zeitaufwendiger geworden. Viele seiner Ansprechpartnerinnen auf Kundenseite sind in Pension gegangen, und Wolfgang, der die meiste Akquisition selbst macht, kann keine Neukunden gewinnen.

Die Situation belastet ihn stark. In der ersten Coaching Session wirkt er sichtlich erschöpft und verliert mehrmals den Faden, während er seine Situation schildert.

„Was soll ich nur machen, wenn ich keine Aufträge mehr bekomme? Dann muss ich mich von einigen meiner Mitarbeiter trennen“, sagt Wolfgang verzweifelt. Ich frage ihn, warum er glaubt, keine Aufträge mehr zu bekommen. Er erklärt, dass sein Netzwerk schrumpft, da viele seiner Kontakte in Pension gehen. Auf meine Frage, wer sonst noch im Unternehmen akquiriert, nennt er vier Senior Consultants, die ebenfalls im gleichen Alter sind. Zwei von ihnen haben viel Erfolg: Einer im Bereich Daten Security und ein anderer im agilen Projektmanagement. Das sind im Moment jene Themen, die am Markt von großer Relevanz sind und deshalb auch für Beratungsprojekte gut verkaufbar.

„Das verstehe ich nicht“, sage ich. *„Zwei Bereiche laufen sehr gut, und du sprichst von Kündigungen.“* Wolfgang erklärt, dass er es immer war, der die Erfolge hart erarbeitet hat. *„Was wird, wenn ich das nicht mehr kann?“*, fragt er verzweifelt.

Wolfgang sieht das große Ganze nicht. Er ist nicht allein für die Akquisition verantwortlich, sondern für die strategische Ausrichtung des gesamten Unternehmens. Ich möchte wissen, woher sein Glaubenssatz „Erfolg muss ich mir hart erarbeiten“ kommt. Mit diesem Glaubenssatz übersieht er, dass er seine Senior Consultants über die Jahre hinweg unterstützt hat, sodass sie nun selbständig und erfolgreich sind.

„Was wäre, wenn Du hypothetisch Deine Senior Consultants unterstützt, noch mehr zu akquirieren?“ frage ich. *„Warum sollte ich das machen?“*, fragt Wolfgang erstaunt. *„Weil Du dann nicht mehr allein für den Erfolg verantwortlich bist“*, antworte ich. Wolfgang schaut mich lange und nachdenklich an. *„Dann nehmen mich die Mitarbeiterinnen nicht mehr als Boss wahr“*, sagt er müde.

Der Glaubenssatz „Erfolg muss hart erarbeitet werden“ hat Wolfgang viel Anstrengung gekostet. Gemeinsam versuchen wir, aus seinem limitierenden Glaubenssatz einen förderlichen zu kreieren. Wolfgang nimmt diese Aufgabe für die nächste Session mit.

Wolfgang kommt sichtlich gut gelaunt zur nächsten Coaching-Session. *„Ich habe einen neuen, förderlichen Glaubenssatz für mich kreiert, so wie Du mir vorgeschlagen hast: ‚Ich darf und will Unterstützung annehmen, und Erfolg darf leicht sein.‘“* Er schaut mich an und lacht. *„Mit diesen beiden Glaubenssätzen habe ich in den vergangenen Wochen gearbeitet. Anfangs fiel es mir schwer, und ich bin immer wieder in meine alten, gewohnten Verhaltensweisen zurückgefallen. Doch mit der Zeit habe ich angefangen, loszulassen, und etwas Erstaunliches ist passiert"*, erzählt Wolfgang weiter.

„Die Mitarbeiter sind verstärkt zu mir gekommen und haben mich um Rat gefragt: ‚Wie soll ich das Geschäft abschließen?' oder ‚Was kann ich tun, um die richtigen Ansprechpartner beim Kunden zu identifizieren, die tatsächlich eine Entscheidung treffen können?' Ich habe bemerkt, dass ich immer mehr in die Rolle eines Mentors rutsche und viel strategischer unterwegs bin. Das macht mir tatsächlich Spaß."

„Wie sieht es jetzt mit den Kündigungen aus?", frage ich. *„Überhaupt nicht"*, antwortet Wolfgang. *„Wir sind gerade dabei, durch mehrere interne Workshops herauszufinden, in welchen Bereichen wir uns verstärken sollten, damit wir für die Zukunft bestens gerüstet sind. Wir identifizieren Themen, die in den nächsten Jahren im Bereich IT und Prozessberatung eine Rolle spielen werden. Es werden sich neue Themen wie Nachhaltigkeit auftun, und dafür müssen wir neue, kompetente Menschen an Bord holen, damit wir konkurrenzfähig bleiben."*

„Wir werden Dich gerne dazu einladen, uns dabei zu unterstützen." Ich lache und freue mich auf die weitere Zusammenarbeit im Bereich Recruiting mit Wolfgang.

FINDE DEINE GLAUBENSSÄTZE HERAUS

Learning Nugget & Übung

Im Internet findest Du zahlreiche Möglichkeiten, kostenfrei die Antreiber-analyse zu machen.

Die Antreiberanalyse ist ein Instrument aus der Transaktionsanalyse, das dir dabei hilft, deine inneren „Antreiber“ zu identifizieren.

ES GIBT FÜNF KLASSISCHE ANTREIBER:

- **Sei perfekt:**
  Dieser Antreiber fordert uns auf, alles makellos und fehlerfrei zu machen.

- **Mach es allen recht:**
  Dieser Antreiber zwingt uns, die Erwartungen anderer zu erfüllen und Konflikte zu vermeiden.

- **Streng dich an:**
  Dieser Antreiber verlangt, dass wir hart arbeiten und uns ständig anstrengen.

- **Sei stark:**
  Dieser Antreiber ermutigt uns, Gefühle zu unterdrücken und keine Schwäche zu zeigen.

- **Beeil dich:**
  Dieser Antreiber treibt uns zu hektischem Handeln und Eile, oft unter Zeitdruck.

Diese Antreiber führen in gesundem Maß zu Erfolgen und helfen uns. Sie können auch Stress, Überforderung und Unzufriedenheit verursachen, wenn sie übermäßig ausgeprägt sind.

WIE DIR DIE ANTREIBERANALYSE HILFT?

Die Antreiberanalyse unterstützt Dich dabei, Deine inneren Botschaften zu erkennen und zu verstehen, wie sie Dein Verhalten beeinflussen. Durch dieses Bewusstsein kannst Du lernen, Deine Antreiber besser zu steuern und ein ausgeglicheneres, stressfreieres Leben zu führen.

Wenn Du Deine Antreiber kennst, arbeite in den nächsten Wochen bitte bewusst mit Deinen Erlaubern. Wenn Du ein perfektionistischer Mensch bist, der sich selbst und anderen keine Fehler erlaubt, dann schreibe Dir auf ein Post-it: „Ich darf Fehler machen. 70 % sind genug." Beobachte dann, was passiert. Auch hier ist es wieder das TUN, das den Unterschied macht.

In meinen Resilienz-Coachings verbinde ich die Säule der Selbstwirksamkeit gerne mit der Antreiberanalyse. Grundsätzlich sind die Antreiber positiv und auch unsere Stärken. Zum Beispiel ist der Antreiber „Mach es allen recht" oft mit einer hohen Empathie und der Fähigkeit verbunden, sich in sein Gegenüber hineinzuversetzen. Das sind wertvolle Stärken. Wenn sie jedoch so weit gehen, dass Du das Wohlergehen der anderen über Dein eigenes stellst, ist das im Sinne der Resilienz nicht mehr gesund. Hier kann der Erlauber „Ich darf es auch mir recht machen" helfen, ein Gleichgewicht zu finden.

Glaubenssätze wurden bereits im ersten Kapitel behandelt. Im Verlauf meiner Coaching-Erfahrungen habe ich immer wieder festgestellt, dass limitierende Glaubenssätze häufig eine der Hauptursachen für mangelndes Selbstbewusstsein darstellen. Besonders im Kontext von Resilienz nehmen diese Glaubenssätze eine zentrale Rolle ein. Sie beeinflussen maßgeblich, wie Individuen ihre Fähigkeit zur Bewältigung von Stress und Herausforderungen wahrnehmen und ausüben. Eine Veränderung dieser einschränkenden Überzeugungen kann daher eine grundlegende Voraussetzung für die Stärkung des Selbstbewusstseins und die Entwicklung von Resilienz sein.

NOTIZEN

Session 07

Coaching Session 07

ALS MIR MEIN MENTOR ABHANDENKAM

EINER DER WENDEPUNKTE IN DER KARRIERE VON MAYA

07

Maya, die Personalleiterin eines großen Konzerns, befand sich in einer schwierigen Situation. Nachdem der CEO (Chief executive officer – Gesamtchef, der sie in ihre Position berufen hatte) das Unternehmen verlassen hatte, fühlte sie sich verloren. Ihr Mentor war nicht mehr da, um sie zu unterstützen, und sie war verunsichert und frustriert.

In unserer ersten Coaching-Session kam sie zu mir und sagte: *„Was soll ich machen? Der jetzige CEO wollte eigentlich jemand anderen für meinen Job, und diese Person ist jetzt in meinem Team! Sie werden mir das Leben schwer machen, das weiß ich. Der neue CEO nimmt mich wahrscheinlich nicht ernst und wird mich bald entlassen."*

„Woher wissen Sie, dass der neue CEO eine andere Person bevorzugt?“, fragte ich.
„Das habe ich gehört“, antwortete Maya.
„Gehört? Von wem?“, fragte ich weiter.
„Von einigen Personen aus seinem Umfeld“, sagte sie.
„Können Sie mit absoluter Sicherheit sagen, dass das stimmt?“, fragte ich.
„Nein, das kann ich nicht“, gab sie zu.
„Warum glauben Sie dann, dass er Sie austauschen möchte?“, fragte ich.
„Weil er mich nicht in diese Position gebracht hat“, antwortete sie.
„Er war damals nicht in der Position, das zu tun“, stellte ich fest.
Maya atmete tief durch und begann sich etwas zu beruhigen.
„Warum hat der ausgeschiedene CEO Sie für diese Position ausgewählt?“, fragte ich.
„Weil ich mehr als 15 Jahre Erfahrung als Personalleiterin in einem internationalen Unternehmen habe. Weil ich bereits eine Fusion betreut habe, gerne mit Menschen arbeite und auch in Zeiten der Veränderung gerne führe“, erklärte sie.
Während sie sprach, bemerkte ich, wie sich ihre Haltung veränderte. Sie saß aufrechter, sprach langsamer und schaute mich direkt an. Sie wirkte fokussiert und professionell.
„Warum sollte der neue CEO das nicht genauso wahrnehmen?“, fragte ich.
„Weil er mich nicht kennt“, antwortete sie.
„Das stimmt“, sagte ich. *„Was glauben Sie, ist jetzt das Wichtigste für den neuen CEO?“*
„Er muss, genau wie ich, in seine neue Rolle finden. Er muss sich einen Überblick über sein Team verschaffen, genau wie ich“, erkannte Maya. *„Das heißt, wir haben eine Gemeinsamkeit.“*
„Was werden Sie jetzt tun?“, fragte ich.
„Ich werde zuerst mein Team kennenlernen, dann meine Kolleginnen, und mich schließlich mit dem CEO zusammensetzen, um seine strategischen Überlegungen kennenzulernen und meine HR-Strategie darauf abzustimmen“, sagte sie.
„Sie wirken, als wüssten Sie genau, was zu tun ist“, sagte ich. *„Warum hat Sie der Abgang des alten CEOs so verunsichert?“*
„Weil ich schon einmal in einer ähnlichen Situation war“, erklärte Maya. *„Als in einem früheren Unternehmen mein Vorgesetzter gewechselt hat, kam ich mit der neuen Führung nicht zurecht und musste das Unternehmen verlassen. Diese Erfahrung hat sich tief in mein Gedächtnis eingeprägt.“*

Im Coaching erarbeiteten wir eine neue Herangehensweise für Maya, um mit solchen Situationen umzugehen. Wir haben die Situation aus der Vergangenheit analysiert und Maya konnte für sich feststellen, dass sie heute viel mehr Erfahrung als damals hat, um mit einer ähnlichen Situation umzugehen.

Wir haben weiters für sie ihre Ressourcen genau analysiert, die ihr damals in der Situation geholfen haben, welche Verhaltensweisen sie unterstützt haben und was sie am meisten belastet hat. Wie gesagt, es war eine Situation aus der Vergangenheit, die Maya getriggert hat und nicht der jetzige CEO. Als ihr das bewusst wurde bzw. als sie das bemerkt hat, war es für sie möglich, sofort in eine lösungsorientierte Haltung zu kommen, übrigens eine Stärke von Maya.

Für Maya war folgende Vorgehensweise besonders hilfreich, da sie als analytisch denkender Mensch stets Wert darauflegt, Fakten zu analysieren, bevor sie eine Lösung entwickelt:

Sie analysierte nicht nur ihre eigene Situation, sondern auch die des neuen CEOs. Je mehr sie sich mit seiner Persönlichkeit, seinen bevorzugten Denk- und Verhaltensweisen auseinandersetzte, desto besser konnte sie ihr eigenes Verhalten auf ihn abstimmen. Gerade wenn Du Deinen Vorgesetzten nicht gut kennst, arbeite so wenig wie möglich mit Interpretationen oder Gerüchten. Beobachte sein Verhalten in Meetings, analysiere seine Kommunikation, und vermeide es, vorschnelle Urteile zu fällen. Bleibe auch in schwierigen Momenten respektvoll und wertschätzend.

Maya profitierte in dieser Situation von ihrer Erfahrung als Personalleiterin. Sie hatte in vielen anderen Situationen wie Hearings oder Assessments gelernt, Verhaltensweisen genau zu beobachten. Diese Fähigkeit nutzten wir dann im Coaching, um ihr Verhalten an den neuen CEO anzupassen. Dadurch gewann sie mehr Sicherheit in der Zusammenarbeit und konnte ihre Stärken und Fähigkeiten auch dem neuen, unbekannten CEO erfolgreich zeigen. Wäre Maya in ihrer verunsicherten Haltung geblieben, hätte sie nicht die Energie gehabt, die Situation richtig zu analysieren.

Eine Möglichkeit, wenn Du nicht geübt in der Einschätzung Deines Teams bist, ist eine sogenannte Präferenzanalyse. Es gibt viele unterschiedliche Tools auf dem Markt, aber ich nutze in meinen Coachings das NBI® PRÄFERENZPROFIL von Dr. Kobus Neethling. Für mich ist sie die mit Abstand beste Methode, da sie effizient und wertfrei ist. Sie zeigt Dir in einer übersichtlichen Grafik Deine bevorzugten Denkweisen auf, basierend auf der Unterscheidung zwischen rechter und linker Gehirnhälfte. Die linke Gehirnhälfte steht für logisch-analytisches Denken, während die rechte intuitives Denken repräsentiert. Zusätzlich verbindet sie verschiedene Rollen wie Analytiker, Realist, Bewahrer, Organisator, Empathikers, Netzwerker, Stratege und Visionär. Jede dieser Rollen hat ihre eigenen Stärken und Fähigkeiten. Wenn Du weißt, wie Du tickst, und Dir die Mühe machst, Deine Kollegen oder Mitarbeiter zu analysieren, ohne zu werten, kann das einen erheblichen positiven Einfluss auf die Teamleistung haben. Außerdem können mögliche Konflikte auf sachliche Weise aufgezeigt werden.

Ein Realist hat eine faktenorientierte Herangehensweise, während eine Empathikerin ein harmonisches Umfeld schätzt. Beides ist richtig, jedoch unterschiedlich. Eine Bewahrerin liebt Traditionen, während ein Visionär Veränderung und neue, unbekannte Lösungen bevorzugt. Überlege Dir, wie Du Dein Verhalten am besten beschreiben würdest. Hier sind ein paar Beschreibungen aus der NBI®-Präferenzanalyse:

- **Bist Du jemand, der gerne das genaue Ziel kennt und weiß, worum es eigentlich geht?**
- **Brauchst Du eine klare Agenda und Prozesse, um Dich wohlzufühlen?**
- **Oder bevorzugst Du Freiraum und, wenn möglich, wenig genaue Vorgaben?**
- **Bist Du jemand, dem die Menschen im Team am wichtigsten sind oder mehr die Aufgaben?**

MACHE JETZT DEINE PRÄFERENZANALYSE!

Schätze Dich selbst ein. Wenn Du genauer darüber Bescheid wissen möchtest, dann mache die **NBI® Präferenzanalyse**. Du kannst diese direkt auf meiner Homepage unter **www.hac.at** durchführen.

Mit dem Kauf dieses Buches schenke ich Dir das Feedback-Gespräch zu der Analyse.

Der neue CEO trennte sich nicht von Maya. Beide blieben in ihren Rollen und entwickelten eine ergänzende und wertschätzende Zusammenarbeit, die bis heute anhält.

INTERPRETATIONEN VERMEIDEN UND FAKTEN ANALYSIEREN

Learning Nugget

Wenn Du in eine neue berufliche Situation kommst, in der Unsicherheit herrscht, vermeide es, Dich auf Interpretationen oder Gerüchte zu verlassen. Beobachte das Verhalten deines Vorgesetzten und analysiere seine Kommunikation genau, bevor du Schlüsse ziehst. Bleibe dabei respektvoll und wertschätzend, auch in schwierigen Momenten. Je mehr wir beobachten und fragen, desto weniger tendieren wir zu Fehlinterpretationen.

Unser Gehirn ist darauf ausgelegt, Informationen schnell und effizient zu verarbeiten. Dabei verlässt es sich auf Mustererkennung und Vorwissen. Anstatt jede Information ganz genau zu analysieren, nutzt es Abkürzungen, um Zeit und Energie zu sparen. Deshalb interpretieren wir Dinge manchmal, ohne dass sie tatsächlich vollständig wahrgenommen werden.

Neuere Erkenntnisse aus der Gehirnforschung zeigen, dass das Gehirn besonders aktiv ist, wenn es um das Erkennen von Mustern geht. Es „füllt Lücken“ in der Wahrnehmung automatisch auf. Wenn wir zum Beispiel lesen, erkennt das Gehirn oft das gesamte Wort, auch wenn einzelne Buchstaben fehlen.

Es greift dabei auf gespeicherte Informationen zurück und errät, was logisch als nächstes kommen müsste. So können wir Texte verstehen, auch wenn sie Tippfehler oder Lücken enthalten.

Ein Grund für dieses Verhalten liegt in der evolutionären Entwicklung. In der Vergangenheit war es oft wichtiger, schnell zu reagieren als jede Kleinigkeit zu analysieren. Ein schneller Überblick konnte überlebenswichtig sein, etwa um eine Gefahr zu erkennen. Diese Fähigkeit hilft uns auch heute noch im Alltag, schnell Zusammenhänge zu erkennen und Entscheidungen zu treffen, ohne alles im Detail zu analysieren.

Außerdem zeigt die Forschung, dass unser Gehirn ständig vorhersagt, was als nächstes passiert. Diese Vorhersagen helfen uns dabei, unsere Umgebung besser zu verstehen und auf neue Informationen vorbereitet zu sein. Manchmal sind diese Vorhersagen jedoch so stark, dass wir Dinge „sehen", die gar nicht da sind – oder ganze Wörter überlesen, weil unser Gehirn bereits davon ausgeht, dass es weiß, was dort steht.

Experiment: Was liest Du?
Der Spatz in der der Hand. XoX.

STÄRKEN UND ERFAHRUNGEN BEWUSST EINSETZEN

Learning Nugget

Nutze Deine bisherigen Erfahrungen und Stärken, um neue Herausforderungen zu meistern. Indem Du Deine eigenen Ressourcen und Verhaltensweisen reflektierst, kannst Du eine positive und lösungsorientierte Haltung entwickeln. Dies hilft Dir, auch in unsicheren Zeiten souverän zu handeln und Dich erfolgreich zu positionieren.

BRAIN PROFILING = PRÄFERENZANALYSEN ZUR SELBST- UND TEAMREFLEXION NUTZEN

Learning Nugget

Um Dein Verhalten besser einschätzen und anpassen zu können, kann eine Präferenzanalyse wie die NBI® Neethling Brain Analyse wertvolle Einblicke bieten. Sie hilft Dir, Deine bevorzugten Denkweisen und Die Deiner Kollegen zu verstehen. Dies kann die Zusammenarbeit im Team verbessern und Konflikte auf sachlicher Ebene lösen.

NOTIZEN

Session 08

Coaching Session 08

WER ODER WAS MICH AUFREGT, BESTIMME ICH SELBST!!! 08

Ein Satz, der Eigenverantwortung ausdrückt und dazu führt, wieder in die Kraft zu kommen.

Martin ist Leiter des innovativen Produktmanagements und verantwortlich sowohl für die Entwicklung neuer Produkte und Dienstleistungen als auch für Standardprodukte. Seit Jahrzehnten ist er im gleichen Unternehmen tätig und hat verschiedene Positionen bekleidet, vom Lehrling bis zum Bereichsleiter. Seine Matura und sein Studium hat er im zweiten Bildungsweg neben der Arbeit absolviert. Martin leitet ein Team von 80 Personen, mit fünf Abteilungsleiterinnen und zwei Stabsstellen, die direkt an ihn berichten. Sein Bereich fungiert als Schnittstelle zwischen Marketing und Technik. Der Marketingvorstand, ein langjähriger Bekannter von Martin, schätzt ihn sehr.

Der neue CTO (Technikvorstand) ist jedoch erst seit ein paar Monaten im Amt und versucht sich selbst zu positionieren.

Meine Beziehung zu Martin erstreckt sich über viele Jahre. Ich bin nicht nur sein Coach, sondern habe auch viele seiner Mitarbeiterinnen in Development Center (eine Form von Potentialanalysen, wo die Stärken und Potentiale aufgezeigt werden) begleitet. Martin legt großen Wert auf stärkenorientierte Führung und setzt seine Mitarbeiterinnen gemäß ihren Stärken und Talenten ein. Diese Herangehensweise hat ihm sowohl Freunde als auch Gegner im Unternehmen eingebracht. Er spricht unangenehme Themen direkt an und legt großen Wert auf Eigenverantwortung – eine Philosophie, die ihm bisher immer Erfolg beschert hat.

Die Zusammenarbeit mit dem neuen Technikvorstand gestaltet sich jedoch schwierig für Martin. Der CTO bewertet neue Produktideen sofort nach technischer Machbarkeit, was zwar zu seinem Job gehört, aber oft zu Konflikten führt. Der Marketingvorstand, der auf derselben Hierarchie Ebene wie der Technikvorstand steht, hält sich vornehm zurück und überlässt Martin die Konfliktlösung. Martin kam zu mir in eine Coaching-Session und war fest entschlossen, alles hinzuschmeißen und zu gehen. Dieses Verhalten kannte ich so nicht von ihm.

„*Ich schlafe seit Monaten schlecht*", sagte Martin. „*Ich streite ständig mit meiner Frau und meinen Führungskräften. Die Arbeit macht mir einfach keinen Spaß mehr. Der ständige Machtkampf mit dem Technikvorstand strengt mich so an, dass ich überhaupt keine Lust mehr habe. Er hört sich meine Ideen nicht an und gibt mir keine Termine. Zu Meetings kommt er, wenn überhaupt, zu spät, und dann unterbricht er mich ständig und stellt meine Ideen vor versammelter Mannschaft als absurd dar. Der Marketingvorstand, der eigentlich dieselben Ideen wie ich hat, sagt nichts und lässt den Neuen gewähren. Was soll das?*" Martin war sowohl vom Marketingvorstand als auch vom neuen Technikvorstand enttäuscht.

Ich fragte: „*Was ist los? Warum bist Du so mutlos? Was belastet Dich am meisten?*"

Martin überlegte einen Moment. „*Dass der Marketingvorstand nicht zu mir steht, lässt mich verraten fühlen. Ja, verraten trifft es am besten. Das verletzt mich sehr.*"

„*Ich verstehe*", sagte ich. „*Was müsste er tun, damit Du Dich unterstützt fühlst?*"

„Er müsste den Technikvorstand in seine Schranken weisen und zu mir halten", antwortete Martin. *„Das würde mir Sicherheit geben."*

„Dir fehlt also Sicherheit", stellte ich fest. *„Woher kannst Du diese Sicherheit bekommen?"*

Da Martin schon viele Coaching-Stunden bei mir hatte, wusste er, worauf ich mit dieser Frage hinauswollte. *„Nur in mir selbst"*, sagte er.

Er überlegte weiter und dann sprudelte es aus ihm heraus: *„Ich habe schon so viel in meinem Berufsleben erlebt. Viele Herausforderungen, viele Machtkämpfe, viele schlaflose Nächte. Eines habe ich jedoch immer gewusst: Es liegt an mir, wie ich mit der Situation umgehe."*

„Genau", bestätigte ich. *„Du hast Dein Verhalten in der Hand, ob Du Dich aufregst oder nicht. Das wird weder den Technikvorstand noch den Marketingvorstand ändern. Was sich ändern wird, ist Dein Energiehaushalt. Du wirst wieder mehr in Deine Mitte kommen und mehr Energie haben."*

„Wer mich aufregt, bestimme immer noch ich selbst", sagte Martin schmunzelnd. *„Ist das jetzt Dein Satz?"*, fragte ich.

„Ja", bestätigte er. *„Das ist mein Satz, den nehme ich in alle zukünftigen Konflikte mit. Ob der Technikvorstand sein Verhalten ändert oder nicht, habe ich nicht in der Hand. Was ich jedoch jederzeit ändern kann, ist mein Verhalten, wie ich darauf reagiere oder eben nicht."*

Drei Wochen später kam Martin gut gelaunt zu mir ins Coaching. *„Was ist passiert?"*, fragte ich.

„Wir hatten eine Strategieklausur mit allen Vorständinnen und Keyplayerinnen, um die zukünftige Strategie zu definieren. Durch meine ruhige und überlegte Haltung, die ich dem Satz ‚Wer mich aufregt, bestimme ich' verdanke, konnte ich sowohl den Technikvorstand von meinen Ideen überzeugen als auch dem Marketingvorstand seine Verantwortung zurückgeben. Seine Konflikte mit dem Technikvorstand liegen nicht in meiner Verantwortung. Ich schlafe wieder gut und habe wieder Kraft, um die nächsten Innovationen voranzutreiben."

EIGENVERANTWORTUNG

Learning Nugget

Eine der mächtigsten Säulen der Resilienz ist die der Eigenverantwortung. Für sein Leben, für die Konsequenzen seiner Entscheidungen, die volle Verantwortung zu übernehmen. Für die eigene Haltung. Martin war durch den Stress nicht mehr in der Lage, in seine Eigenverantwortung zu gehen. Deshalb hat er sich über das Verhalten seiner Gegenüber so aufgeregt. Das war jedoch nur Energieverlust, weil das Verhalten von anderen nicht veränderbar ist. Immer nur das eigene. Die erste Regel im Coaching. Wer nicht dazu bereit ist, sein Verhalten zu reflektieren und dann entsprechend anzupassen, wird nicht erfolgreich sein.

Ich werde oft gefragt, ob ich einen Mitarbeiter coachen kann, um ihn kreativer, durchsetzungsstärker, empathischer oder diplomatischer zu machen. Meine Antwort darauf ist immer dieselbe: Das kann ich nicht. Was ich jedoch tun kann, ist, gemeinsam mit Ihnen daran zu arbeiten, wie Sie Ihr eigenes Verhalten anpassen können, um besser auf Ihren Mitarbeiter einzugehen oder das gewünschte Verhalten bei ihm gezielt anzusprechen.

Herausforderungen und Krisen wird es im Leben wahrscheinlich immer geben. Wie wir darauf reagieren, bestimmen wir. Das haben wir in der Hand. Und genau das bedeutet, eine resiliente Haltung zu haben. Wenn wir wissen, wir selbst haben es in der Hand, wir selbst können Veränderungen herbeiführen, das führt zur Aktion. Ohnmacht (ohne Macht) führt zu Resignation und Energielosigkeit. Deshalb ist es bei Resilienz so wesentlich, immer wieder in die eigene Kraft und Macht zu kommen. Das können wir durch die entsprechende Haltung und durch tägliches Training.

„MEINE INNERE STÄRKE AKTIVIEREN“

Übung

ZIEL

Diese Übung hilft, sich bewusst zu machen, wie Eigenverantwortung und Resilienz miteinander verbunden sind. Sie ermutigt, aktiv Verantwortung für die eigene Reaktion auf Herausforderungen zu übernehmen und die persönliche Widerstandskraft zu stärken.

SCHRITT 1: MEIN AKTUELLER ZUSTAND

Setze Dich an einen ruhigen Ort und beantworte die folgenden Fragen schriftlich:

- **Welche Herausforderungen habe ich in letzter Zeit gemeistert?**
- **Wie habe ich auf diese Herausforderungen reagiert?**
- **Welche Gefühle hatte ich dabei?**

SCHRITT 2: VERANTWORTUNG ÜBERNEHMEN / ÜBERLEGE NUN, WO DU AKTIV EINFLUSS NEHMEN KANNST:

- Notiere drei Situationen, in denen Du Dich ausgeliefert gefühlt hast.
- Überlege für jede Situation: Was hätte ich tun können, um mich stärker oder handlungsfähiger zu fühlen?

SCHRITT 3: EIGENE STÄRKEN ERKENNEN / NIMM DIR EIN PAAR MINUTEN ZEIT, UM ÜBER DEINE BISHERIGEN ERFOLGE NACHZUDENKEN.

Beantworte:

- Wann habe ich in der Vergangenheit Verantwortung übernommen und etwas Positives bewirkt?
- Welche meiner Eigenschaften oder Fähigkeiten haben mir dabei geholfen?

SCHRITT 4: AFFIRMATION FÜR RESILIENZ UND EIGENVERANTWORTUNG / SCHLIESSE DIE ÜBUNG MIT EINER AFFIRMATION AB. WIEDERHOLE SIE DREIMAL LAUT ODER SCHREIBE SIE ZEHNMAL AUF:

„Ich übernehme Verantwortung für mein Leben und stärke meine innere Kraft mit jedem Schritt, den ich mache."

REFLEXION

- Wie hat sich diese Übung angefühlt?
- Welche Einsichten über Dich selbst hast Du gewonnen?
- Was möchtest Du in Zukunft anders machen?

Diese Übung verbindet Reflexion, Handlung und Affirmation, um Eigenverantwortung und Resilienz zu stärken.

REFLEXION FÜR MEHR EIGENVERANTWORTUNG

Übung

Diese Übung unterstützt Dich dabei, Deine Eigenverantwortung zu stärken, indem Du vergangene Herausforderungen reflektierst, neue Perspektiven entwickelst und konkrete Handlungspläne erstellst.

SCHRITT 1: REFLEXION

Nimm Dir Zeit, um über Situationen nachzudenken, in denen Du Dich gestresst, machtlos oder frustriert gefühlt hast. Beschreibe dabei eine konkrete Situation so detailliert wie möglich. Untersuche anschließend, wie Du reagiert hast und welche Aspekte der Situation in Deinem Einflussbereich lagen. Welche Teile der Situation lagen außerhalb Deiner Kontrolle? Beobachte, welche Gefühle Du empfunden hast, und reflektiere, ob Du auf diese Gefühle konstruktiv reagieren konntest oder ob alternative Reaktionen möglich gewesen wären...

SCHRITT 2: VERÄNDERUNGSPERSPEKTIVE

Stell Dir vor, wie Du ähnliche Situationen in der Zukunft positiver bewältigen kannst. Überlege, welche Verantwortung Du übernehmen kannst und wie Du Deine Reaktionen bewusster gestalten kannst. Entwickle dabei konkrete Handlungsansätze, die Dir helfen, konstruktiver zu agieren. Finde innere Ressourcen wie Stärke und Gelassenheit, die Dir helfen können, und identifiziere externe Unterstützungsquellen wie Mentoren oder Trainingsprogramme.

SCHRITT 3: AKTIONSPLAN

Setze Dir zwei bis drei konkrete Ziele, die Du in den nächsten Wochen erreichen möchtest, um Deine Eigenverantwortung zu stärken. Plane realistische Schritte und Zeitrahmen für die Umsetzung dieser Ziele. Verfolge Deinen Fortschritt regelmäßig und reflektiere, ob Du auf Kurs bist oder Anpassungen benötigst.

REFLEXION

Nutze nach Abschluss der Übung regelmäßig kurze Zeitfenster, um zu überprüfen, wie erfolgreich Du deine Ziele umsetzt. Welche Fortschritte erkennst Du, und was könntest Du noch verbessern?

Diese Übung verbindet Selbstreflexion, Zukunftsorientierung und konkretes Handeln, um Deine Eigenverantwortung und Resilienz nachhaltig zu stärken.

BEISPIEL FÜR DEN AKTIONSPLAN VON MARTIN IN BEZUG AUF SEIN VERHALTEN IM UMGANG MIT DEM TECHNIKVORSTAND

Ziel 1
Ich übernehme ab sofort bei jedem Meeting mit dem Technikvorstand die Verantwortung für meine Reaktion auf sein Verhalten. Damit ich dieses Ziel erreiche, habe ich einen 3-Schritte-Plan für mich definiert:

Schritt 1
Vor jedem Meeting tief durchatmen und mich daran erinnern, dass ich meine Reaktionen kontrollieren kann.

Viktor E. Frankl, der Begründer der Logotherapie, hat über den Raum zwischen Reiz (Aktion) und Reaktion geschrieben:

- „Zwischen Reiz und Reaktion gibt es einen Raum. In diesem Raum liegt unsere Macht zur Wahl unserer Reaktion. In unserer Reaktion liegen unser Wachstum und unsere Freiheit."

- Dieses Zitat stammt aus Frankls Buch „Man's Search for Meaning" (deutscher Titel: „...trotzdem Ja zum Leben sagen"). Frankl beschreibt hier, dass der Mensch auch in schwierigen Situationen die Freiheit hat, zu wählen, wie er darauf reagiert. Es ist diese Freiheit, die seine Würde und sein inneres Wachstum ermöglicht.

Schritt 2
Während des Meetings aktiv zuhören und versuchen, meine erste Reaktion zu überdenken, bevor ich spreche.

Schritt 3
Nach dem Meeting reflektieren, wie gut ich meine Reaktionen kontrollieren konnte und was ich beim nächsten Mal verbessern kann.

Ziel 2
Ich suche aktiv die Unterstützung von Kolleginnen und meinem Coach, wenn ich mich überfordert fühle (Netzwerkorientierung ist ebenfalls eine der 7 Resilienz-Säulen). Damit ich dieses Ziel erreiche, habe ich wieder einen 3-Schritte-Plan für mich definiert

Schritt 1
Ich identifiziere einen oder zwei Kollegen, denen ich vertraue, und die bereit sind, Unterstützung zu bieten.

Schritt 2
Ich vereinbare regelmäßige Check-ins, um meine Fortschritte und Herausforderungen zu besprechen.

Schritt 3
Ich notiere die erhaltenen Tipps und plane, wie ich diese umsetzen kann.

Was meine faktenorientierte Denkweise immer interessant findet, und vielleicht auch Du sind wissenschaftliche Gründe, warum wir Menschen dazu neigen, Eigenverantwortung abzugeben:

Vermeidung von Angst und Stress
Verantwortung zu übernehmen kann mit unangenehmen Gefühlen wie Angst oder Stress verbunden sein. Wir Menschen neigen dazu, diese Gefühle zu vermeiden, da unser Gehirn darauf ausgerichtet ist, Bedrohungen und negative Emotionen zu minimieren. Dieses Verhalten wird durch die Aktivierung des limbischen Systems, insbesondere der Amygdala, erklärt, die in Stresssituationen auf Flucht oder Vermeidung programmiert ist.

Der „Locus of Control"
Menschen mit einem externen Locus of Control glauben, dass äußere Faktoren wie Glück, Schicksal oder andere Menschen ihr Leben bestimmen. Dieser Begriff wurde von Julian B. Rotter geprägt, der betonte, dass Menschen mit einem internen Locus of Control eher Verantwortung übernehmen, da sie sich als aktive Gestalter ihres Lebens sehen.

Vermeidung von Schuld und Versagen
Die Theorie der kognitiven Dissonanz von Leon Festinger erklärt, dass Menschen negative Emotionen wie Schuld und Scham vermeiden,

um einen inneren Konflikt zu reduzieren. Verantwortung abzugeben, hilft, die kognitive Dissonanz zu minimieren, die entsteht, wenn man sich selbst als unzulänglich oder fehlerhaft wahrnimmt.

Gruppendenken und der Bystander-Effekt
Im Kontext von Gruppenverhalten führt der Bystander-Effekt dazu, dass Verantwortung diffus wird. John Darley und Bibb Latané zeigten, dass Menschen in Gruppen weniger wahrscheinlich handeln, da sie die Verantwortung auf andere übertragen.

Evolutionäre Wurzeln
In prähistorischen Gesellschaften war es oft vorteilhaft, Entscheidungen an erfahrenere oder dominante Gruppenmitglieder abzugeben, um das Überleben zu sichern. Dieses Verhalten ist tief in unserer sozialen Evolution verwurzelt. Robin Dunbar betont, dass soziale Hierarchien und das Vertrauen in Führungspersonen evolutionär von Vorteil waren.

Soziale Normen und Erziehung
Die Sozialisation prägt das Selbstkonzept und die Bereitschaft, Verantwortung zu übernehmen. Albert Bandura beschreibt in seiner Theorie des sozialen Lernens, wie Erfahrungen in der Kindheit das Selbstwirksamkeitserleben beeinflussen. Wenn Menschen wenig Selbstwirksamkeit entwickeln, geben sie eher Verantwortung ab.

NOTIZEN

Session 09

Coaching Session 09

WIE EIN „NEIN" IM HEARING ZU EINEM KARRIERESPRUNG VERHOLFEN HAT 09

Christian betrat mein Büro mit einer Miene voller Enttäuschung und Mutlosigkeit. *„Ich habe mich so gut auf das Hearing vorbereitet und gestern eine Absage erhalten. Ich bin genervt und zweifle an meinen Fähigkeiten. Der Job hätte perfekt zu meinen Skills und Vorerfahrungen gepasst. Auch beim Hearing (Auswahlverfahren, das gerne in Unternehmen eingesetzt wird, um den geeignetsten Kandidaten auszuwählen) hatte ich den Eindruck, gut abgeschnitten zu haben. Die Case Study (Präsentationsübung) über die zukünftige Strategie des Bereiches, meine Visionen und meine Leadership-Skills – alles war genau auf die Werte und die Unternehmenskultur des Unternehmens abgestimmt. Ich hatte mich im Vorfeld genau über das Beobachterteam informiert und mich gezielt darauf vorbereitet. Ich weiß nicht, was ich hätte, anders machen sollen"*, sagte ein kraftlos wirkender Christian.

„Mit dem Feedback, dass ich nicht authentisch gewirkt habe, kann ich nichts anfangen“, redete er weiter. *„Sie halten mich für einen fähigen Leader, konnten mich aber nicht wirklich als Person greifen. Was soll das bitte heißen?“* Er wirkte sehr enttäuscht und hilflos. Ein erfahrener Manager mit 20 Jahren Erfahrung in seiner Branche und in der Führung hatte durch das Hearing den Boden unter den Füßen verloren.

Wie es seiner gewissenhaften Art entsprach, hatte er sich akribisch auf das Hearing vorbereitet. Er kannte die Perspektive der Assessoren (Beobachterinnen) gut, denn er selbst hatte oft Personal auf diese Weise ausgesucht. Die andere Seite war ihm jedoch neu. Nichts wollte er dem Zufall überlassen und hatte die Case Study mehrfach überarbeitet, sie genau auf die Unternehmenskultur des potenziellen Arbeitgebers angepasst.

Ich stellte ihm eine Frage: *„Angenommen, Sie müssten nicht mehr arbeiten. Hätten Sie sich dann für diesen Job beworben?“* Oft ist es im Coaching gut, total die Perspektive zu wechseln, mit Fragen, die das Gegenüber nicht vermutet und die nicht zum vorher Gesagten passen. Dadurch unterbreche ich bewusst das Gedankenkarussell meiner Kunden und provoziere ein anderes Gefühl, welches sich auf mich richten soll und nicht gegen sich selbst.

„Wie meinen Sie das?“, fragte er mit leicht aggressivem Unterton. *„Es ist ein renommiertes Unternehmen und die Position entspricht genau meinem alten Job.“*

„Eben“, sagte ich. *„Also nochmals: Wenn Sie nicht mehr arbeiten müssten, hätten Sie sich auf diese Stelle beworben?“*

Christian überlegte und ließ sich auf das Gedankenspiel ein. *„Na ja, wieder ein Konzern, wieder die gleichen Prozesse, wieder ähnliche internen Rahmenbedingungen, wieder das Einhalten hierarchischer Strukturen. Wenn ich es mir aussuchen könnte, würde ich lieber in ein mittelständisches Unternehmen gehen. Eine Funktion höher, in die Position des Geschäftsführers, in der ersten Reihe stehen, mein bisheriges Wissen über Prozesse und Leadership nutzen, um die Wettbewerbsfähigkeit eines mittelständischen Unternehmens zu steigern. Mein 20-jähriges Know-how bewusst einsetzen. Die Strategie gemeinsam mit meinem Leadership-Team entwickeln. Weniger interne ‚Politik‘“*, sagte er mit einem Augenzwinkern. Plötzlich war wieder Leben in Christian. Die Verzweiflung war verschwunden. Er wirkte authentisch, energievoll und begeistert.

„Genau das ist Ihr zukünftiger Job", sagte ich. *„Deshalb haben Sie das Feedback erhalten, dass Sie nicht authentisch gewirkt haben. Sie wollen etwas anderes. Warum bewerben Sie sich nicht dafür?"*

„So leicht ist es nicht, einen Geschäftsführer-Job zu bekommen", erwiderte Christian.

„Stimmt", sagte ich. *„Doch wenn Sie es nicht versuchen, wird es nie etwas werden."*

In den folgenden Coaching-Sitzungen durchforsteten wir sein Netzwerk. Er entwarf ein Vision Board für den Job, den er wirklich anstrebte. Er blieb dran, ließ sich auch von weiteren Neins nicht entmutigen. Er setzte all seine Stärken und Kontakte ein. Und siehe da, heute ist er Geschäftsführer in einem renommierten Traditionsunternehmen. All seine Visionen, Ideen und sein bisheriges Know-how kann er nutzen, um dem Unternehmen zu helfen, seine Marktstellung weiter auszubauen.

Christian ist in seinem Element, er sprüht vor Energie, sobald er den Raum betritt. Wie aus einer Niederlage der größte Triumph seiner Karriere wurde, erzählt er immer wieder bei Kaminabenden, um High Potentials und Talente zu ermutigen, dranzubleiben. Wie Winston Churchill so treffend sagte: „Resilienz bedeutet, einmal mehr aufzustehen, als man hingefallen ist."

DER WEG ZUM WUNSCHJOB

Learning Nugget

- authentisch bleiben
- Den Job identifizieren, den man sich wirklich wünscht
- Netzwerk nutzen
- Resilienz aufbauen, um auf den „richtigen" Job zu warten

EIGENREFLEXION UND JOURNALING *Übung*

- **Täglich 10 Minuten schreiben:**
  Notiere Dir jeden Tag, wie Du Dich gefühlt hast und in welchen Situationen Du Dich authentisch oder unauthentisch gefühlt hast.

- **Werte identifizieren:**
  Schreibe eine Liste Deiner wichtigsten persönlichen Werte. Reflektiere, wie Deine aktuellen Handlungen und Entscheidungen mit diesen Werten übereinstimmen.

- **Feedback einholen:**
  Frage drei vertrauenswürdige Kollegen oder Freunde nach ehrlichem Feedback darüber, wie sie Deine Authentizität wahrnehmen.

VISIONSENTWICKLUNG UND ZIELSETZUNG *Übung*

- **Vision Board erstellen:**
  Sammle Bilder, Zitate und Symbole, die Deinen idealen Job repräsentieren. Erstelle daraus ein Vision Board und platziere es an einem sichtbaren Ort.

- **SMARTe-Ziele setzen:**
  Formuliere spezifische, messbare, erreichbare, relevante und zeitgebundene Ziele, die Dich Deinem Wunschjob näherbringen.

- **Job-Research:**
  Führe regelmäßig Recherchen durch, um mehr über die Branche, Unternehmen und Positionen zu erfahren, die Dich interessieren. Halte Deine Erkenntnisse in einem Notizbuch fest.

Es ist oft nicht einfach, den passenden Job für sich zu finden. Viele meiner Coaching-Kundinnen kommen zu mir, um genau das herauszufinden:

In welchem Beruf können sie ihre Fähigkeiten und Stärken optimal einsetzen? Welche Branche passt zu ihnen? Wie groß sollte das Unternehmen sein, und welche Unternehmenskultur entspricht ihnen? Dabei ist es entscheidend, sich selbst gegenüber absolut ehrlich zu sein. Dieser Prozess braucht Zeit und kann selten in ein paar Stunden abgeschlossen werden. Die Bereitschaft, sich intensiv mit den eigenen Talenten und Fähigkeiten auseinanderzusetzen, erfordert sowohl Zeit als auch Energie. Das gelingt selten nebenbei. Deshalb halte ich es für sehr wichtig, sich regelmäßig mit diesen Fragen zu beschäftigen – idealerweise jedes Jahr. Eine kurze Rückbesinnung auf sich selbst. Am Ende eines Jahres könnten Fragen wie diese helfen: Hat mir mein Job in diesem Jahr mehr Freude oder mehr Überwindung abverlangt. Bin ich in der Position, in der ich sein möchte (Expertin oder Führungskraft)? Sehe ich mich in den nächsten Jahren in dieser Position, oder möchte ich weiterkommen? Sehe ich mich in denselben Unternehmen? Was würde ein Wechsel für mich / meine Familie bedeuten? Wenn diese Art der Reflexion zur jährlichen Routine wird, fällt es leichter, klare Entscheidungen zu treffen. So steht man nicht plötzlich mit Mitte 40 in einer beruflichen Krise, sondern hat die eigene Entwicklung kontinuierlich im Blick.

NETZWERKAUFBAU UND PFLEGE

Übung

Beim Netzwerken geht es im Kern um ein ausgewogenes Geben und Nehmen. Erfolgreiche Beziehungen entstehen dann, wenn beide Seiten bereit sind, sich gegenseitig zu unterstützen. Das bedeutet, nicht nur auf der Suche nach neuen Kontakten zu sein, die einem selbst weiterhelfen könnten, sondern auch aktiv anzubieten, was man selbst geben kann – sei es Wissen, Erfahrung, ein hilfreicher Kontakt oder eine Empfehlung.

Dieses Prinzip der Gegenseitigkeit schafft eine vertrauensvolle Basis und sorgt dafür, dass das Netzwerk nachhaltig ist. Menschen erinnern sich an diejenigen, die ihnen geholfen haben, und sind oft bereit, diese Unterstützung zurückzugeben, wenn der Zeitpunkt gekommen ist. Netzwerken sollte daher nicht nur eine kurzfristige Strategie sein, um eigene Ziele zu erreichen, sondern eine langfristige Investition in den Aufbau wertvoller Beziehungen.

Ein echtes Interesse an den Anliegen anderer zu zeigen und sich authentisch einzubringen, macht den Unterschied. So entsteht ein wertvoller Austausch, bei dem sich alle Beteiligten weiterentwickeln können – beruflich und persönlich.

EIN KURZER LEITFADEN, DER DIR HELFEN SOLL, DAS FÜR DICH INTERESSANTE NETZWERK AUFZUBAUEN:

Kontakte identifizieren:
Erstelle eine Liste aller relevanten Kontakte in Deinem aktuellen Netzwerk. Notiere, wie sie Dir bei Deinem Karriereziel helfen könnten. Überlege Dir auch, wie Dein Netzwerk voneinander profitieren kann.

Netzwerktreffen:
Plane regelmäßige Treffen mit neuen und bestehenden Kontakten. Dies kann ein Kaffee-Meeting, ein Lunch oder ein virtuelles Treffen sein.

Dankbarkeit zeigen:
Bedanke Dich regelmäßig bei Deinen Kontakten für ihre Unterstützung und halte sie über Deine Fortschritte auf dem Laufenden.

RESILIENZTRAINING UND STRESSBEWÄLTIGUNG *Übung*

Gerade in Zeiten der beruflichen Neuorientierung oder Arbeitslosigkeit ist es entscheidend, emotionale Stabilität und Gelassenheit zu bewahren. In meinen Coachings erlebe ich jedoch oft das Gegenteil: Verzweiflung und Unsicherheit. Das ist vollkommen verständlich, bringt einen aber nicht weiter. Ein zielloser Aktionismus, der darin besteht, sich wahllos auf jede Stelle zu bewerben, führt häufig zu einer Reihe von Misserfolgen und Ablehnungen bei Jobs, was wiederrum zu mehr Stress und Unsicherheit führt.

Hier liegt die eigentliche Herausforderung darin, Ruhe zu bewahren und das eigene Selbstvertrauen zu stärken. Es geht darum, bei sich und seinen Fähigkeiten zu bleiben und darauf zu vertrauen, dass der passende Job zur richtigen Zeit kommen wird. Aus eigener Erfahrung weiß ich, wie wichtig diese mentale Stärke ist. Denn berufliche Veränderungen können jedem widerfahren – ob gewollt oder unerwartet. Wer in solchen Situationen seine innere Balance bewahrt, erhöht die Chancen, die passenden beruflichen Möglichkeiten zu finden und langfristig erfolgreich zu sein.

AUTHENTISCH SEIN IN DER INTERAKTION MIT ANDEREN

Übung

ZIEL DER ÜBUNG

Erlebe, wie es ist, ohne Masken oder Rollen in Gesprächen aufzutreten, und lerne, Deinen eigenen Stil in sozialen Kontexten auszudrücken.

SCHRITT 1: KLEINE VERÄNDERUNGEN TESTEN

Treffe bewusst die Entscheidung, in einem Gespräch einen Aspekt Deines authentischen Selbst einzubringen, den Du sonst vielleicht zurückhältst. Das kann eine persönliche Meinung, ein Gefühl oder eine Eigenart sein.

- Teile einen Gedanken, den Du normalerweise für Dich behalten würdest, z.B.: „Ich bin mir nicht sicher, ob das funktioniert, aber ich habe einen anderen Ansatz."
- Zeige eine Emotion offen, wie Freude oder auch Unsicherheit, ohne Angst vor der Reaktion anderer.

Aufgabe
Probiere dies in einer alltäglichen Situation aus, wie beim Mittagessen mit Kollegen oder beim Plaudern mit Freunden.

SCHRITT 2: AUTHENTISCHES ZUHÖREN

Echtes Zuhören ist ein Schlüssel zur Authentizität. Sei in einem Gespräch voll präsent, ohne darüber nachzudenken, was Du als Nächstes sagen wirst. Stelle offene Fragen, die Dein echtes Interesse zeigen, wie:

„Wie bist Du zu dieser Ansicht gekommen?"
„Das klingt spannend, erzähl mir mehr davon."

Aufgabe:
Probiere dies in einer Unterhaltung aus und beobachte, wie der andere darauf reagiert.

SCHRITT 3: SETZE KLARE GRENZEN

Authentisch zu sein bedeutet auch, Nein sagen zu können oder Deine Bedürfnisse klar zu kommunizieren. Übe, freundlich, aber bestimmt eine Grenze zu setzen, z.B.:

„Das passt für mich gerade nicht."
„Ich bin nicht sicher, ob ich da zustimmen kann, lass uns darüber reden."

Aufgabe:
Wende dies an, wenn Du das nächste Mal um einen Gefallen gebeten wirst, der nicht zu Dir passt, oder wenn Du mit etwas nicht einverstanden bist.

NACH DER ÜBUNG

Sprich mit einer Person Deines Vertrauens über Deine Erfahrungen:

Wie hat sich die Übung angefühlt?
Gab es etwas, das Dich überrascht hat?
Welche Reaktionen hast Du bemerkt?

NOTIZEN

Session 10

Coaching Session 10

4 POWER-FRAGEN FÜR SOFORTIGE ENERGIE

10

Anna kommt genervt und verzweifelt zu mir ins Coaching. *„Eine Katastrophe ist passiert. Wir haben einen unserer Top-Kunden verloren. Mein Team hat die Bedürfnisse des Kunden nicht ausreichend analysiert, und jetzt ist er zu einem anderen Trainingsanbieter gewechselt."*

Anna, seit zwei Jahren Teamleiterin für Change-Projekte in einem mittelgroßen Trainingsunternehmen, ist frustriert. Davor war sie als Change-Beraterin tätig und hat in dieser Rolle große, namhafte österreichische Unternehmen begleitet. Jetzt leitet sie ein Team von 4 Beraterinnen und einer Assistentin. Die Kunden kennt sie noch alle aus ihrer Beratungszeit, und gerade einer ihrer langjährigen Kunden hat nun den Beratungsauftrag nicht an ihr Unternehmen vergeben.

„Sie wissen gar nicht, was das für eine Katastrophe ist", sagt Anna nochmals zur Betonung.

Ich entscheide mich, mit der Technik von Byron Katie, „The Work", zu arbeiten und stelle die erste der 4 Powerfragen: *„Ist es wirklich eine Katastrophe, dass Sie den Kunden verloren haben?"*

„Ja, natürlich, ich habe es Ihnen ja schon ausführlich geschildert", antwortet Anna.

Ich nicke und stelle die zweite Powerfrage: *„Können Sie mit absoluter Sicherheit sagen, dass der Kundenverlust eine Katastrophe ist?"*

„Mit absoluter Sicherheit nicht", gibt Anna zu.

„Wie fühlt sich der Gedanke, dass es eine Katastrophe ist, für Sie an?", frage ich weiter.

„Ich bin mutlos, verzweifelt, wütend auf mein Team, weil sie den langjährigen Kunden verloren haben. Und ich bin verzweifelt, da uns auch ein beträchtlicher Umsatz für das Jahr entgangen ist", sagt Anna.

„Wie würden Sie reagieren, ohne den Gedanken, dass es eine Katastrophe ist?", frage ich.

„Ich würde logisch-analytisch nachdenken, was die nächsten Schritte sind. Ich würde mir überlegen, was wir konkret tun, damit wir einen neuen Kunden gewinnen können. Was wir aus der Niederlage lernen können. Vielleicht gibt es einen anderen Kunden, der jetzt besser zu uns passt."

Ich schließe ab: *„Könnte der Gedanke, dass der Kundenverlust auch Chancen birgt, genauso wahr sein?"*

Anna lächelt: *„Vielleicht gibt es tatsächlich Möglichkeiten, die wir jetzt erkennen können."*

Diese vier Fragen helfen dabei, negative Gedanken zu hinterfragen und neue Perspektiven zu entwickeln. Sie sind ein kraftvolles Werkzeug, um in schwierigen Situationen, in denen wir dazu neigen, zu katastrophieren und uns in belastenden Gedanken zu verlieren, aus der Gedankenspirale auszubrechen und den Fokus stärker auf Lösungen zu richten.

LIMITIERENDE GEDANKEN AUFLÖSEN

Learning Nugget

„The Work" von Byron Katie ist ein wunderbares Tool, um festgefahrene, limitierende Gedanken zu hinterfragen und eine neue Denkweise einzuschlagen. Jedes Mal, wenn ich mit meinen Kunden bei der zweiten Frage bin, merke ich, wie sie beginnen, sich zu entspannen. Denn mit absoluter Sicherheit können wir fast nichts wissen.

Wenn Du in einer Führungsrolle bist, kannst Du dieses Tool nutzen, wenn Mitarbeiter mit ähnlichen Gedankenschleifen zu Dir kommen. Aber Du kannst es natürlich auch jederzeit für Dich selbst anwenden, wie ich bei Anna im Coaching. Diese vier Powerfragen in der Hinterhand zu haben, ist immer hilfreich.

DIE 4 POWERFRAGEN VON „THE WORK"

Übung

Um negative Gedanken zu hinterfragen, starte damit, einen belastenden Gedanken zu identifizieren, der Dir Unbehagen bereitet oder Dich stresst, zum Beispiel: „Ich werde keine Gehaltserhöhung bekommen."

Frage Dich dann, ob dieser Gedanke wirklich wahr ist und ob er tatsächlich der Realität entspricht. Überlege weiter, ob Du mit absoluter Sicherheit wissen kannst, dass dieser Gedanke stimmt. Spüre nach, wie Du reagierst und was passiert, wenn Du an diesen Gedanken glaubst – wie beeinflusst er Deine Gefühle und Dein Verhalten? Anschließend stelle Dir vor, wie Du Dich fühlen und handeln würdest, wenn Du diesen Gedanken nicht mehr hättest.

Zum Schluss kehre den ursprünglichen Gedanken um, beispielsweise zu „Ich werde eine saftige Gehaltserhöhung bekommen". Überlege, inwiefern diese umgekehrten Gedanken genauso wahr oder sogar wahrer sein könnten. Nimm Dir regelmäßig Zeit, diese Übung durchzuführen – sei es für Dich selbst oder im Gespräch mit Deinen Mitarbeitern. Sie kann helfen, die Perspektive zu wechseln und Raum für neue Möglichkeiten zu schaffen.

DIE ROLLE DES NEGATIVITY BIAS / NEGATIVITÄTSVERZERRUNG

Die Tendenz, negative Gedanken stärker zu glauben als positive, lässt sich durch den sogenannten „Negativity Bias" erklären. Diese kognitive Verzerrung beschreibt die menschliche Neigung, negativen Informationen mehr Beachtung zu schenken und sie intensiver zu verarbeiten als positive. Evolutionsbiologisch war es für das Überleben entscheidend, potenzielle Gefahren schnell zu erkennen und darauf zu reagieren, weshalb negative Informationen schneller und tiefgreifender verarbeitet werden. Diese erhöhte Sensibilität für Gefahren und negative Ereignisse hat uns geholfen, Risiken zu vermeiden, was in der Vergangenheit überlebenswichtig war.

Darüber hinaus zeigt die Forschung, dass negative Ereignisse im Gehirn eine stärkere emotionale Reaktion auslösen als positive, selbst wenn beide objektiv betrachtet gleichwertig sind. Zum Beispiel erleben Menschen den Verlust von Geld intensiver als den Gewinn derselben Summe. Dieser Mechanismus kann auch erklären, warum viele Menschen negative Gedanken (wie etwa eine Gehaltserhöhung nicht zu erhalten) schneller annehmen, während positive Gedanken (wie das tatsächliche Bekommen der Erhöhung) oft als unwahrscheinlich oder unrealistisch empfunden werden.

Zudem spielt die Art und Weise, wie wir uns selbst und unsere Umwelt interpretieren, eine Rolle. Negative Erfahrungen hinterlassen tiefere Spuren und werden häufiger wiederholt im Kopf durchgegangen, während positive Erlebnisse oft weniger intensiv erinnert werden. Dies kann auch erklären, warum es den Menschen schwerer fällt, positive Gedanken anzunehmen und warum sie denken, dass sie sich „etwas vormachen", wenn sie versuchen, positive Erwartungen zu entwickeln.

Anna hat „The Work" in ihrem Team genutzt, um mit der Umkehrfrage „Was ist gut daran, dass wir den Kunden verloren haben?" neue, innovative und kreative Ideen zu entwickeln. Durch diese bewusste Fokussierung auf Lösungen statt auf Probleme konnte sie sich nicht nur das Vertrauen und die Anerkennung ihrer Mitarbeitenden sichern, sondern auch eine Kultur der Selbstreflexion im Team etablieren. Die Teammitglieder haben von sich aus analysiert, warum der Kunde verloren gegangen ist, was zu wertvollen Einsichten führte. Beeindruckt von den Ergebnissen, stellte Anna dem

Team die Methode „The Work" vor, die sie seitdem regelmäßig einsetzen, um sich aus negativen Gedankenspiralen zu befreien.

NOTIZEN

Session 11

Coaching Session 11

VOM VERTRIEBSLEITER ZUM UNTERNEHMER:

ERFOLGREICH, ENGAGIERT UND ZUFRIEDEN 11

Gerhard hat gerade ein viermonatiges Sabbatical hinter sich und ruft mich an seinem ersten Arbeitstag erschöpft und kraftlos an. *„Ich kann das nicht mehr machen"*, beginnt er das Telefonat. Ich kenne Gerhard schon lange und habe mit ihm die Potentialanalyse zum Vertriebsleiter durchgeführt. Damals gab es vier Kandidaten, und Gerhard überzeugte mit seiner kreativen, innovativen und spritzigen Art. Er kam aus einem kleinen Start-up und war extern. Im Konzern, für den er seit einigen Jahren tätig ist, ist er Bereichsleiter für das Small- und Medium-Segment. Er und sein Team sind verantwortlich für den Verkauf neuer Produkte und Ideen an Bestands- und Neukunden. Anfangs fiel es Gerhard schwer, sich an die starren Prozesse und Strukturen im Konzern zu gewöhnen. Nach vier Jahren Start-up-Erfahrung empfand er jedoch klare Spielregeln und Prozesse für Ausschreibungen und Angebote als Wohltat. Mit der Zeit fühlte er sich jedoch zunehmend gelähmt. Die Schnelligkeit und hohe Anpassungsfähigkeit an Kundenwünsche, wie er sie aus dem Start-up gewohnt war, waren im Konzern nicht möglich. Der interne Verkauf war schwieriger als der am Markt. Als Gerhard im Zuge der Potentialanalyse eine Präferenzanalyse bei mir machte, habe ich ihn darauf aufmerksam gemacht. Sein kreativer, unkonventioneller und freiraumsuchender Denkstil war nicht kompatibel mit den strukturierten und oft konventionellen Konzernstrukturen. Zudem war er ein Kümmerer, der sich immer für seine Mitarbeiter einsetzte – viel mehr, als er musste. Den Jüngeren war er Mentor, den Älteren half er, mit neuen Technologien Schritt zu halten. Durch seine persönliche Art gingen seine Mitarbeiter fast immer die extra Meile.

Im Konzern war das anders. Viele seiner Mitarbeiter hatte er übernommen. Diese waren seit Jahren in ihren Positionen und wenig veränderungsbereit. Gerhard versuchte es anfänglich mit überdurchschnittlichem Einsatz. Er bemühte sich, Schulungen und Trainings für seine Mitarbeiter zu organisieren, was schwierig war. Er setzte sich für höhere Gehälter ein, was ihm zwar das Wohlwollen des Betriebsrates einbrachte, aber nicht das des Vertriebs- und Marketingvorstands. Vor vier Monaten war seine Batterie leer, und er entschloss sich zu einem Sabbatical. Die vier Monate sollten ihm helfen, wieder mehr Freude und Spaß im Job zu finden und ein Burnout zu vermeiden. Er beschäftigte sich intensiv mit seinen Fähigkeiten und nutzte die Zeit für ein Coaching mit mir. Wir arbeiteten an seiner Impulskontrolle, damit er nicht alles persönlich nimmt und nicht jedes Mal intern gewinnen muss. Er baute sich einen Stellvertreter auf, der strukturiert und detailorientiert ist, sodass er wieder mehr Zeit für innovative Ideen hatte. Durch die Übungen zur Impulskontrolle und eine konkrete Lösung kehrte er motiviert und zuversichtlich in seinen Job zurück.

„Ich mache das nicht mehr", sagt er am Telefon, und ich spüre, dass er seine Entscheidung bereits getroffen hat. *„Okay"*, sage ich. *„Wie sieht Plan B aus?"*, frage ich. *„Ich werde kündigen, meine dreimonatige Kündigungszeit nutzen, um meinen Nachfolger voll einzuschulen und alles gut zu übergeben. Gleichzeitig werde ich, wie bereits im Coaching besprochen, an meiner Selbstständigkeit arbeiten."* Im Coaching war immer wieder das Thema Selbstständigkeit und Unternehmensgründung gefallen. Gerhard wollte seine Vertriebserfahrung in Form von gezielten und kundenspezifischen Trainings anbieten. Seine jahrzehntelange Erfahrung und sein exzellentes Netzwerk sollten ihm dabei helfen. Der Leidensdruck war in den vier Monaten seiner Auszeit nicht groß genug, doch ein Tag im alten Job half nach.

„

„Ich nehme an, du bist dir sicher?“, frage ich trotzdem nach. *„Ja, wir haben das so oft im Coaching durchgespielt, und jetzt bin ich bereit. Mein Körper streikt, und ich kann und will nicht mehr zurück. All meine Talente und Begabungen kann ich nicht einsetzen. Hier ist nicht mehr mein Platz.“*

Gerhard hat seinen Plan durchgezogen. Das war vor fünf Jahren. Heute ist er ein erfolgreicher Unternehmer mit 5 Mitarbeitern und genießt seinen Freiraum, indem er all seine Begabungen voll einsetzen kann. Er hat sich zum zertifizierten NBI® PRÄFERENZPROFIL-Trainer ausbilden lassen und nutzt die Analyse, die er bei der Potentialanalyse gemacht hat, selbst als Beratungs-Tool für seine Kunden, um auf unterschiedliche Denk- und Verhaltensweisen hinzuweisen.

RESILIENZ UND IMPULSKONTROLLE

Learning Nugget

- Ein **Sabbatical** kann durch intensives Coaching genutzt werden, um einerseits Sicherheit zu gewinnen und andererseits neue Perspektiven zu entwickeln.

- **Impulskontrolle** hilft, wieder in die eigene Kraft zu kommen und sich auf das Wesentliche zu konzentrieren.

Impulskontrolle ist ein zentraler Bestandteil der Resilienz. Aus der Sicht der Resilienz bedeutet Impulskontrolle, dass man in der Lage ist, seine unmittelbaren emotionalen Reaktionen zu steuern und nicht unüberlegt auf Stress oder Herausforderungen zu reagieren.

Stell Dir vor, Du bist wie ein Fels am Meer. Jeden Tag prallen Wellen an Dir ab – mal sanft, mal stürmisch. Diese Wellen symbolisieren die Herausforderungen und Stressfaktoren des Alltags: ein kritischer Kommentar eines Kollegen, eine verpasste Gelegenheit oder unerwartete Veränderungen.

Jedes Mal, wenn die Wellen auf Dich treffen, spürst Du den Impuls, sofort zurückzuschlagen – sei es durch Ärger, Frustration oder Unbeherrschtheit. Doch Resilienz bedeutet, dass Du nicht von den Wellen mitgerissen wirst. Du bist der Fels, der feststeht, egal wie wild das Meer tobt. Durch Impulskontrolle schaffst Du es, zwischen der Welle und Deiner Reaktion einen Moment der Ruhe zu finden.

In diesem Moment kannst Du innehalten und entscheiden, wie Du reagieren möchtest. Anstatt auf die Welle des Ärgers sofort zu antworten, atmest Du tief durch, beobachtest die Situation und wählst eine konstruktive Reaktion. Vielleicht sprichst Du ruhig mit dem Kollegen oder nimmst Dir Zeit, um eine verpasste Gelegenheit zu reflektieren. So stärkst Du Dich selbst, anstatt von den Umständen überwältigt zu werden.

Mit jeder Welle, die kommt und geht, baust Du Deine Widerstandskraft auf. Deine Impulskontrolle hilft Dir, nicht nur den Sturm zu überstehen, sondern aus jeder Herausforderung gestärkt hervorzugehen. So bleibt der Fels fest, unerschütterlich, während die Wellen des Lebens immer wieder an ihm brechen.

Das ist die Kraft der Resilienz – die Fähigkeit, stark zu bleiben, selbst wenn die Stürme toben. Impulskontrolle ist der Schlüssel dazu, sich nicht in negativen Emotionen zu verlieren, sondern ruhig und gelassen den nächsten Schritt zu gehen.

IMPULSKONTROLLE: DIE 5-4-3-2-1-METHODE *Übung*

Diese Übung hilft, sich zu beruhigen, aus endlosen Gedankenschleifen aussteigen, bei Wut und Ärger und bei Schlaflosigkeit:

- **5 Dinge sehen:**
  Schau Dich um und nenne fünf Dinge, die Du sehen kannst.
  Sage diese laut zu Dir selbst.
- **4 Dinge fühlen:**
  Berühre vier Dinge und beschreibe, wie sie sich anfühlen.
- **3 Dinge hören:**
  Nenne drei Geräusche, die Du hören kannst.
- **2 Dinge riechen:**
  Nimm zwei Gerüche wahr und benenne sie.
- **1 Ding schmecken:**
  Konzentriere Dich auf einen Geschmack in Deinem Mund.

Wenn Du merkst, dass Du emotional impulsiv reagieren möchtest, nutze bewusst die 5-4-3-2-1-Methode, um Dich zu beruhigen. Sage Dir „Stopp“ und beginne sofort damit, fünf Dinge zu benennen, die Du sehen kannst. Auf diese Weise lenkst Du deinen ersten Impuls um und verschaffst Dir einen Moment, um ruhiger und bewusster zu reagieren.

NOTIZEN

Session 12

Coaching Session 12

AKZEPTANZ, DIE KRAFT, ÄUSSERE UMSTÄNDE ANZUNEHMEN 12

Manuela kommt energisch in mein Büro, setzt sich geräuschvoll hin und beginnt sofort zu sprechen. Small Talk wird überbewertet, denke ich.

„Stellen Sie sich vor, ich wurde zur IT-Bereichsleiterin, um mein IT-Know-how, meine jahrzehntelange Erfahrung in nationalen und internationalen Unternehmen, sowohl als Unternehmensberaterin als auch als IT-Expertin, sowie meine Führungskompetenzen in mein neues Unternehmen einzubringen. Jetzt, sechs Monate später, kann und will ich nicht mehr. Diese interne Administration, diese unnötigen Prozesse – es besteht kein Bedarf an Veränderung. Das Wichtigste ist das Einhalten von internen Strukturen und Prozessen, die einen zentralen Stellenwert einnehmen. Ich spreche nicht dieselbe Sprache wie meine Kolleginnen und Kollegen, mein Vorstand versteht nicht,

was ich mache, und für meine Mitarbeiterinnen bin ich zu schnell. Viel zu schnell."

Ich kann es mir gut vorstellen, denke ich, sage jedoch nichts. *„Alle meine Ideen, um den veralteten IT-Betrieb zu modernisieren, werden niedergeschmettert. Ich sehe meinen Bereich als internen Dienstleistungsbereich, der die anderen Fachabteilungen unterstützen soll, damit diese ihren Job effizient und wirtschaftlich erledigen können. Dabei bin ich die Einzige."* Manuela schaut mich an, und ich sehe die Verzweiflung in ihrem Blick. Resignation und Erschöpfung.

„Was können Sie verändern?", frage ich. *„Nichts"*, antwortet sie wie aus der Pistole geschossen. *„Nichts"*, wiederholt sie. *„Ich kann an den Strukturen und an den Prozessen nichts verändern." „Ok"*, sage ich. *„Was können Sie dann verändern?"*, frage ich nach. *„Dass mein Vorstand den IT-Bereich als wesentlich für das Unternehmen betrachtet, kann ich auch nicht beeinflussen"*, sagt sie. *„Dass ich für meine Mitarbeiterinnen zu schnell bin, kann ich auch nicht verändern." „Wieso nicht?"*, frage ich.

Manuela schaut mich verärgert an. *„Weil ich nur dann etwas verändern kann, wenn ich das Tempo erhöhe"*, sagt sie überzeugt. Ein Glaubenssatz von ihr tritt zum Vorschein. *„Wer sagt, dass Sie nur etwas verändern können, wenn Sie das Tempo erhöhen?"*, frage ich. *„Ich"*, sagt sie und schaut mir dabei fest in die Augen.

„Wenn ich Sie richtig verstanden habe, dann hat das Unternehmen keinen Bedarf und keinen Druck von außen, um sich zu verändern, richtig?" „Richtig", stimmt mir Manuela zu. *„Wenn ich Sie richtig verstanden habe, dann war für Ihren Vorgänger eine kunden- und serviceorientierte IT-Abteilung nicht Bestandteil seiner Strategie, richtig?" „Auch richtig"*, sagt Manuela. *„Wieso soll dann Tempo und Schnelligkeit dabei helfen, die notwendigen Veränderungen einzuleiten?"*, frage ich.

Manuela atmet tief durch und antwortet: *„Weil ich es nicht aushalte."* Jetzt waren wir am Kern. Sie hält es nicht aus. *„Was konkret?"*, frage ich. *„Dieses mühsame und langsame Agieren, diese nicht vorhandene Kundenorientierung. Ich bin das nicht gewöhnt. In all meinen anderen Jobs war es anders. Da musste ich immer aus dieser Haltung heraus agieren."* Ich vermute, dass Manuela den inneren Antrieb „mach schnell" hat und dieser hier in diesem Umfeld ordentlich auf die Probe gestellt wird.

„Was können Sie jetzt ändern?", frage ich an dieser Stelle nochmals. Sie lächelt mich zum ersten Mal an und sagt: *„Mich. Ich kann mein Verhalten verändern.*

Ich muss die Rahmenbedingungen so akzeptieren, wie sie sind. Deshalb habe ich mich auch für dieses Unternehmen entschieden. Es ist einmal ganz anders als meine bisherigen und das hat mich gereizt."

„Was konkret können Sie an der bisherigen IT-Strategie ändern, damit Sie sich wohlfühlen und auch Ihre Ideen und Vorstellungen einbringen können?", frage ich. *„Ich werde erstens mein Tempo an die Bedingungen anpassen und akzeptieren, dass ich mich in einem anderen Umfeld bewege"*, sagt Manuela. Sie wirkt zum ersten Mal etwas entspannter, da sie nun einen Plan hat.

Akzeptanz ist eine wesentliche Säule, um mentale Stärke zu haben. Es gibt Rahmenbedingungen, die wir nicht verändern können, wie den Wind beim Segeln. Was wir verändern können, ist die Mannschaft, wie wir die Segel setzen und die Route. Jedoch nicht den Wind. Wenn wir uns über Situationen, das Verhalten von Menschen und äußere Rahmenbedingungen aufregen, die nicht veränderbar sind, kostet das zu viel Kraft und Energie. Die Kunst besteht darin, herauszufinden, wo das „Window of Opportunity" ist und wo wir nur uns selbst verändern können.

Manuela hat im neuen Umfeld viel für sich persönlich gelernt. Im Coaching haben wir ihren inneren Antreiber „Mach schnell" genauer betrachtet und herausgefunden, dass sie diesen bereits seit langer Zeit in sich trägt. Dieser Antreiber zeigte sich auch in ihrer Sprache, zum Beispiel in Aussagen wie: „Ich muss schnell noch das Mail schreiben" oder „Ich mache schnell noch das Mitarbeitergespräch". Durch diese innere Einstellung setzte sie sich selbst stark unter Druck und fühlte sich oft gestresst. Im Laufe des Coachings hat sie gezielt an ihrer Wortwahl und ihrer inneren Haltung gearbeitet. Sie hat gelernt, ihren Führungsstil, der von Initiative, Begeisterung und Forderung geprägt ist, besser an die individuellen Bedürfnisse ihrer Mitarbeiter anzupassen, ohne jedoch sich selbst zu verleugnen.

Durch das Einbinden aller wesentlichen Stakeholder in die IT-Strategie hat Manuela zwar mehr Zeit benötigt, aber dafür einen Ruck durch die gesamte Organisation ausgelöst. Viele Schnittstellenpartner haben daraufhin ihre eigene Strategieformulierung angepasst. Der IT-Bereich war plötzlich in alle wesentlichen Projekte eingebunden – ein absolutes Novum für die Organisation. Die IT wurde zum Treiber der Veränderungen, was ganz in Manuelas Sinne war. Sie hat durch einen intensiven Reflexionsprozess herausgefunden, woher ihr limitierender Glaubenssatz, nur wenn ich schnell mache, bin ich erfolgreich kam. Zusätzlich hat Manuela eine neue Führungskultur eingeführt: echtes Leadership. Sie überträgt Aufgaben auf ihre Mitarbeiterinnen und langsam begann auch dies zu greifen. Dadurch fand Manuela mehr Sinn in ihrer Tätigkeit.

RESILIENZ UND AKZEPTANZ

Learning Nugget

1. DIE KUNST, LOSZULASSEN

Resilienz bedeutet, die Fähigkeit zu haben, auf Herausforderungen flexibel und mental stark zu reagieren. Ein zentraler Baustein dieser inneren Stärke ist die Akzeptanz. Das bedeutet, dass wir lernen, Dinge anzunehmen, die wir nicht ändern können, anstatt gegen sie anzukämpfen. Dabei geht es nicht um Resignation, sondern um eine bewusste Haltung, die uns erlaubt, unseren Energieeinsatz auf das zu konzentrieren, was wir wirklich beeinflussen können.

Wenn wir uns kontinuierlich gegen äußere Umstände wehren, verbrauchen wir wertvolle Energie und geraten in einen Zustand des inneren Widerstands. Dieser Widerstand führt oft zu innerem Druck, Frustration und schließlich zu Stress. Indem wir stattdessen akzeptieren, dass bestimmte Bedingungen außerhalb unserer Kontrolle liegen, schaffen wir Raum für inneren Frieden und eine konstruktivere Herangehensweise an die Dinge, die wir ändern können.

Akzeptanz als Stresspuffer: Die Veränderung der Perspektive
Die Akzeptanz äußerer Rahmenbedingungen kann unsere Wahrnehmung und Bewertung von Stresssituationen verändern. Wenn wir eine Situation nicht mehr als Bedrohung, sondern als Herausforderung sehen, die wir annehmen können, reduziert das automatisch das Stressniveau. Es fällt uns leichter, ruhig zu bleiben und mit klarem Kopf zu handeln.

Beispielsweise mag ein neuer Prozess im Unternehmen zunächst als belastend erscheinen. Doch anstatt sich dagegen zu wehren, können wir akzeptieren, dass dieser Prozess nun Teil unseres Arbeitsalltags ist und uns fragen: „Wie kann ich diesen neuen Rahmen optimal nutzen?" So ändern wir den Blickwinkel und erleben die Veränderung weniger als Einschränkung, sondern als Chance zur Anpassung und Weiterentwicklung.

Die Balance zwischen Akzeptanz und Veränderung
Wichtig ist hierbei die Balance. Akzeptanz bedeutet nicht, sich allem schicksalsergeben hinzugeben, sondern zu erkennen, wo Veränderung möglich und sinnvoll ist. Wo können wir aktiv gestalten und verbessern, und wo sollten wir lernen, loszulassen? Diese Balance verleiht uns Handlungsspiel-

raum und mindert die Hilflosigkeit, die oft mit Stress verbunden ist.

Die Akzeptanz äußerer Rahmenbedingungen ist ein wesentlicher Bestandteil unserer Resilienz. Sie hilft uns, unsere Energie gezielt einzusetzen und uns nicht durch Dinge zu stressen, die wir nicht ändern können. Wer akzeptieren lernt, stärkt seine mentale Widerstandskraft und kann den Herausforderungen des Lebens gelassener entgegentreten. In einer Welt voller Unvorhersehbarkeiten wird Akzeptanz somit zum Schlüssel für ein ausgeglichenes, stressfreies Leben.

Selbstveränderung: Warum es oft so schwer ist, eingefahrenes Verhalten zu ändern
Veränderung beginnt immer bei uns selbst. Wenn wir erkennen, dass wir die Macht haben, unsere Haltung, Einstellung und unser Verhalten zu verändern, können wir aktiv werden und unser Leben selbst in die Hand nehmen. Doch so befreiend dieser Gedanke auch ist – die Umsetzung fällt oft schwer. Warum? Unser Gehirn liebt das Bekannte. Unser Verhalten wird maßgeblich durch Gewohnheiten geprägt, und diese haben eine wichtige Funktion: Sie machen unser Leben einfacher. Gewohnheiten sind wie Abkürzungen für unser Gehirn. Wenn wir etwas oft genug tun, wird es automatisch. So müssen wir morgens nicht nachdenken, wie wir uns die Zähne putzen oder die Schuhe zubinden. Doch diese „Autopilot-Modus" hat auch eine Schattenseite: Er macht es schwierig, alte Muster zu durchbrechen und Neues zu etablieren.

Sobald wir versuchen, ein gewohntes Verhalten zu verändern – sei es mehr Bewegung, geduldiger zu sein oder weniger Zeit am Handy zu verbringen – gerät unser Gehirn aus seiner Komfortzone. Es muss plötzlich wieder aktiv über jede Handlung nachdenken, was anstrengend ist. Das erklärt, warum wir uns oft in den gewohnten Bahnen bewegen, auch wenn sie uns nicht mehr guttun.

Veränderung kostet Energie
Ein weiterer Grund, warum Veränderungen so schwerfallen, liegt darin, dass sie Energie kosten. Jede neue Gewohnheit oder Verhaltensweise erfordert anfangs eine bewusste Anstrengung. Besonders in stressigen Phasen greifen wir lieber auf das Altbekannte zurück, weil wir einfach nicht die Energie haben, um Neues zu erlernen. Das kann dazu führen, dass wir uns selbst im Weg stehen, obwohl wir uns eigentlich verbessern wollen.

Das Sicherheitsbedürfnis: Was wir kennen, fühlt sich sicher an
Der Mensch ist ein Gewohnheitstier, weil Vertrautes Sicherheit gibt. Auch wenn wir rational wissen, dass bestimmte Verhaltensweisen nicht gut für

uns sind, bietet das Bekannte eine Art inneren Schutzraum. Veränderungen hingegen bedeuten Unsicherheit und das Risiko, dass etwas schiefgehen könnte. Das löst oft ein unbehagliches Gefühl aus, das unser Gehirn vermeiden möchte. Daher bleiben wir lieber im Altbewährten, anstatt uns ins Unbekannte zu wagen.

Wie man Veränderung schafft: Kleine Schritte statt großer Sprünge
Doch auch wenn Veränderung schwierig ist, sie ist nicht unmöglich! Der Schlüssel liegt darin, klein anzufangen. Anstatt unser Verhalten radikal ändern zu wollen, können wir uns auf kleine, erreichbare Schritte konzentrieren. So entsteht nach und nach ein neuer Weg in unserem Gehirn, der mit der Zeit ebenso vertraut wird wie die alten Muster. Indem wir uns bewusst machen, dass Selbstveränderung möglich ist und dass wir selbst in der Hand haben, wie wir denken und handeln, können wir die erste Hürde überwinden. Es mag schwer sein, aber mit Geduld und kleinen Erfolgen kommen wir Schritt für Schritt aus dem Autopiloten und zurück in die aktive Gestaltung unseres Lebens.

Veränderung ist ein Prozess, keine Wunderlösung
Veränderung braucht Zeit, Geduld und oft auch eine Portion Nachsicht mit uns selbst. Es ist okay, Rückschläge zu haben und manchmal in alte Muster zurückzufallen. Wichtig ist, dass wir uns immer wieder daran erinnern, dass wir die Kraft haben, unser Verhalten zu ändern – auch wenn es schwer ist. Denn jeder kleine Schritt bringt uns näher an die beste Version von uns selbst. Oft genügt nur der Satz, einfach nur heute versuche ich eine neue Verhaltensweise auszuprobieren. Und dann am nächsten Tag wieder, einfach nur heute verzichte ich auf Zucker.

2. KOMMUNIKATION (MIT UNS SELBST UND MIT ANDEREN)

Klare und verständliche Kommunikation ist der Schlüssel, um andere mitzunehmen und zu überzeugen. Erfolgreiche Kommunikation besteht darin, sich auf sein Gegenüber einzustellen bzw. einzulassen. Unterschiedliche Denk- und Sichtweisen erfordern unterschiedliche Sprachen. Ein logisch-analytischer Mensch drückt sich oft in klaren, strukturierten und faktenbasierten Sätzen aus, während ein emotionaler Mensch eine lebendigere, gefühlsbetonte Sprache nutzt. Um Missverständnisse zu vermeiden und eine tiefere Verbindung herzustellen, ist es wichtig, die Sprache des Gegenübers zu verstehen und darauf einzugehen. Dies fördert ein effektiveres und harmonischeres Miteinander.

3. ANPASSUNGSFÄHIGKEIT

Die erfolgreichsten und langlebigsten Organismen, einschließlich Tiere und Bakterien, sind diejenigen, die sich effektiv an ihre äußeren Umweltbedingungen anpassen können. Diese Anpassungsfähigkeit steht in direktem Zusammenhang mit dem Konzept der Resilienz, da sie das Überleben und Gedeihen in wechselnden und oft herausfordernden Umgebungen ermöglicht. Auch in der Kybernetik, der Wissenschaft von Steuerungs- und Regelungssystemen, zeigt sich, dass Systeme, die flexibel auf Veränderungen reagieren können, eine höhere Stabilität und Robustheit aufweisen. Diese Systeme passen ihre Strukturen und Prozesse dynamisch an neue Bedingungen an, um effizient auf externe Störungen zu reagieren und eine funktionale Homöostase aufrechtzuerhalten.

Die Fähigkeit zur Anpassung wird somit nicht nur als evolutionärer Vorteil verstanden, sondern auch als essenzielles Prinzip in der Gestaltung robuster Systeme in der Kybernetik.

UNTERSCHIEDLICHE ANPASSUNGSÜBUNGEN

Übung

Stell Dir vor, Du wärst wie ein Chamäleon, das in verschiedenen Umgebungen auf unterschiedliche Farben umschaltet. Eine Anpassungsübung ist eine Art „Training", bei dem Du lernst, flexibel auf Veränderungen zu reagieren, Deine Haltung zu überdenken und neue Lösungen zu entdecken. Hier sind einige kreative und originelle Übungen, die Dir dabei helfen, Deine Anpassungsfähigkeit zu stärken:

1. DIE „ANDERE-PERSPEKTIVE"-BRILLE

Nimm Dir eine normale Sonnenbrille und beklebe die Gläser mit leicht gefärbter, durchsichtiger Folie (zum Beispiel in Blau, Grün oder Rot). Trage diese Brille eine Stunde lang und erledige damit Deine alltäglichen Aufgaben – sei es Lesen, Kochen oder einfach durch die Stadt gehen. Diese einfache Übung zwingt Dein Gehirn, sich an eine veränderte Wahrnehmung anzupassen. Frage Dich am Ende: Was hat sich für Dich verändert, als die Welt eine andere Farbe bekam? Welche Herausforderungen sind Dir aufgefallen und wie hast Du sie gelöst?

2. DIE „IMPRO"-CHALLENGE

Setze Dich in eine Gruppe oder mit einem Freund zusammen und spielt eine Runde „Impro-Theater". Der Clou: Jeder Teilnehmer denkt sich eine Rolle oder eine ungewöhnliche Situation aus, die der andere plötzlich übernehmen muss. Zum Beispiel: „Du bist jetzt ein Nachrichtenmoderator in einer Fantasy-Welt!" oder „Du erklärst als Wissenschaftler, warum Hunde plötzlich fliegen können." Diese Übung hilft Dir, spontan auf ungewohnte Situationen zu reagieren und schnell neue Denkweisen anzunehmen. Sie fördert Deine Anpassungsfähigkeit und bringt jede Menge Spaß!

3. DIE „LINKSHÄNDER-HERAUSFORDERUNG"

Wenn Du normalerweise die rechte Hand benutzt, versuche eine Woche lang alle einfachen Aufgaben (wie Zähneputzen, Essen, Schreiben) mit der linken Hand zu erledigen – und umgekehrt, wenn Du Linkshänder bist. Was zunächst eine witzige Herausforderung ist, zeigt Dir schnell, wie viel Gewohnheit in unseren alltäglichen Handlungen steckt. Es erfordert Geduld, aber die Übung lehrt Dich, wie Du Deine Denkweise umstellen kannst, wenn Du plötzlich eine neue Methode ausprobieren musst.

4. DER „REISERUCKSACK IM KOPF"

Stell Dir vor, Du musst in wenigen Minuten Dein Leben in einen kleinen Rucksack packen und in eine völlig andere Stadt oder ein neues Land ziehen. Was würdest Du mitnehmen? Und was würdest Du zurücklassen? Schreibe eine Liste der Dinge, die Dir in der neuen Situation helfen würden. Diese Übung ist eine großartige Möglichkeit, sich auf Veränderungen einzustellen und sich bewusst zu machen, dass man manchmal weniger braucht, als man denkt. Sie hilft Dir, loszulassen und flexibel zu bleiben.

5. „DER TAG DER JA-SAGER"

Für einen ganzen Tag lang sagst Du zu jeder neuen Erfahrung und Einladung einfach „Ja". Sei es eine neue Sportart, eine Einladung zu einem spontanen Kaffee oder ein Gericht, das Du noch nie probiert hast. Diese Übung ist herausfordernd und erfordert Mut, aber sie bringt Dich aus Deiner Komfortzone heraus. Am Ende des Tages kannst Du Dir überlegen: Wie hat sich mein Tag verändert, weil ich Dinge zugelassen habe, die ich normalerweise vielleicht abgelehnt hätte? Was habe ich dabei über mich selbst gelernt?

6. DIE „DINGE AUF DEN KOPF STELLEN"-CHALLENGE

Verändere für eine Woche jeden Tag eine Kleinigkeit in Deinem Alltag, die Du normalerweise nie ändern würdest. Frühstücke mal abends und iss dafür mittags Müsli. Tausche den Platz, an dem Du arbeitest. Setze Dich im Bus auf einen anderen Platz als sonst. Oder tausche einen festen Termin gegen etwas Spontanes ein. Diese kleinen, scheinbar unwichtigen Veränderungen können Dir zeigen, dass Du selbst die Kontrolle über Deine Routinen hast – und dass manchmal neue Wege interessante Perspektiven öffnen.

7. DER „GEDANKEN-DJ"

Nimm Dir jeden Tag fünf Minuten Zeit, um Dich in eine Situation zu versetzen, die Dich normalerweise stressen würde (z. B. ein verpasster Termin, eine anstrengende Diskussion). Versuche, zu dieser Situation eine positive Musik in Deinem Kopf abzuspielen – als wärst Du der DJ Deines eigenen Lebens. Was passiert, wenn Du einen stressigen Moment mit einem fröhlichen Lied begleitest? Diese Übung hilft Dir, den emotionalen Kontext einer Situation bewusst zu verändern und zeigt Dir, dass Du selbst die Stimmung steuern kannst, in der Du auf Herausforderungen reagierst.

Diese Übungen sind eine Mischung aus spielerischen Herausforderungen und praktischen Ansätzen, um die eigene Anpassungsfähigkeit zu fördern. Sie zielen darauf ab, den Blickwinkel zu verändern, Routine zu durchbrechen und neue Wege zu finden, mit Veränderungen umzugehen. Indem wir lernen, flexibel zu denken und uns selbst in ungewohnten Situationen auszuprobieren, stärken wir nicht nur unsere Anpassungsfähigkeit, sondern auch unsere Resilienz.

NOTIZEN

Session 13

Coaching Session 13

ZAHNARZT, UNTERNEHMER, FÜHRUNGSKRAFT: WER BIN ICH?

13

Alexander ist Zahnarzt und hat zwei Ordinationen, insgesamt 8 Mitarbeiterinnen und führt zusätzlich Ausbildungen, Trainings und Workshops für Zahnärzte durch. Als er zu seiner ersten Coaching Session zu mir kam, war er 50 Minuten zu spät, frustriert und wütend. *„Jetzt hat schon wieder eine Assistentin gekündigt, entschuldigen sie bitte die Verspätung"*, begann er. *„Das ist die dritte in zehn Monaten. Vor lauter Ein- und Umschulen kann ich bald keine Patienten mehr behandeln. Ich weiß gar nicht, wie ich das alles schaffen soll. Ich schlafe nicht mehr als drei bis vier Stunden täglich, und wenn ich morgens in die Praxis komme, ist sie voll. Die Termine sind nicht koordiniert, teilweise überbucht, dann wieder große Pausen. Eine Assistentin muss jeden zweiten Tag um zwei Uhr nach Hause, da sie alleinerziehende Mutter ist, eine andere kann freitags nicht arbeiten, weil sie eine Ausbildung* *macht, und die Springer-Assistentin ist fast jeden Montag krank. Ich pendle zwischen Wien und Niederösterreich, muss täglich eine meiner Damen trösten, weil es ständig Konflikte gibt. Sogar meinen Patienten ist die schlechte Stimmung in der Ordination aufgefallen. Was soll ich tun?"*, fragt er ratlos.

„Was würden Sie am liebsten tun?", frage ich zurück. *„Am liebsten würde ich alle rausschmeißen und dann nur noch Zahnarzt sein. Ich liebe meinen Job und freue mich, wenn ich meinen Patienten helfen kann. Dieses ganze Führen und Managen kostet mich nur Kraft und Energie und geht mir auf die Nerven. Die sollen arbeiten und damit Schluss!" Mit ‚die' sind seine Assistentinnen gemeint."*

„Sie befinden sich in einer Rollenkollision", sage ich. *„Was meinen Sie?"*, fragt er skeptisch. *„Sie sind Zahnarzt, gleichzeitig Unternehmer und Führungskraft. Das ist zu viel. Aus Ihren vorherigen Aussagen entnehme ich, dass Ihnen die Tätigkeit des Zahnarztes am meisten Sinn und Freude bringt. Die Aufgaben einer Führungskraft stressen Sie, und die des Unternehmers haben wir noch nicht angesprochen."*

„Aus dieser Warte habe ich das noch nicht betrachtet", sagt Alexander. *„Sie dürfen lernen zu delegieren und Tätigkeiten abzugeben"*, sage ich. *„Welche und an wen? Das ist gerade mein Dilemma"*, sagt Alexander laut. *„Das versuche ich ja schon die ganze Zeit." „Ok, wie machen Sie das konkret?"*, frage ich. *„Ich mache die Diensteinteilungen für die Assistentinnen, schule diese auch ein und versuche, auf die einzelnen Befindlichkeiten einzugehen. Am Wochenende schreibe ich dann die Honorarnoten und versuche, die Patiententermine zu koordinieren."*

„Sie machen alles alleine", sage ich. *„Das gesamte Patientenmanagement sollte von einer Ordinationsmanagerin gemacht werden. Diese kann dann auch die Dienstpläne machen und sich um die Führung des 8-köpfigen Teams kümmern. Sie müssen sich auf Ihren Job als Zahnarzt konzentrieren können. Sie haben gesagt, dass Sie das sinnerfüllt. Die einzige Person, die Sie zu führen haben, ist die Ordinationsmanagerin. Wie wir die Ordination aufstellen, machen wir dann gemeinsam mit Ihrer Managerin. Es ist nicht möglich, dass Sie alles machen. Wenn Sie wollen, dass die Stimmung besser wird und sich die Patienten wieder in Ihrer Ordination wohlfühlen, müssen Sie große Veränderungen vornehmen. Bei sich selbst und dann im Team."*

„Sind Sie dazu bereit?", frage ich. Er schaut mich an. *„Was bleibt mir anderes übrig"*, sagt er kraftlos.

„Ok, dann starten wir mit dem ersten Schritt. Denken Sie, dass eine der

Assistentinnen in der Lage ist, die Führung zu übernehmen? Der Vorteil dabei liegt darin, dass eine interne Person die Prozesse und Abläufe kennt. Der Nachteil ist, dass jemand aus dem Team die Führung übernehmen soll."

„Ich brauche auch noch ein neues IT-System", sagt Alexander. *„Ich möchte, dass sich die Patienten online anmelden können. Das funktioniert bis dato auch nicht."*

„Eines nach dem anderen", sage ich. *„Sie brauchen eine Managerin, die die Ordination managt. Dazu gehört auch die richtige IT. Dann brauchen Sie Anforderungsprofile für die Assistentinnen, welche Aufgaben diese zu erfüllen haben. Alles schriftlich, jedoch ist hier wieder die Drehschreibe die Managerin. Diese hat Sie zu entlasten."*

„Wie wäre der Ablauf ideal?", frage ich Alexander. Anscheinend hat er sich dazu schon viele Gedanken gemacht. Er setzt sich mit einem Ruck auf und es sprudelt nur so aus ihm heraus.

„Die Patienten werden freundlich begrüßt, jeder bekommt Wasser, bei ängstlichen Patientinnen werden Worte zur Beruhigung gewechselt. Es herrscht eine ruhige und harmonische Atmosphäre. Leise Musik spielt zur Beruhigung. Die Wartezeiten sind maximal fünf bis zehn Minuten. Die Terminvereinbarungen laufen reibungslos. Ich kann mich auf meine Kerntätigkeit konzentrieren und habe auch noch Zeit, mit den Patientinnen ein paar Worte zu wechseln. Herrlich", sagt er.

„Genau so soll es ablaufen. Das ist die Aufgabe der Ordinationsmanagerin, und diese gilt es jetzt zu suchen. Entweder im Team oder am Markt."

„Würden Sie mich bei der Suche unterstützen?", fragt er. *„Sie kennen mich aus dem Coaching und wissen, wie ich ticke."*

„Gerne. Ich starte mit dem Search."

6 Monate später sind Alexander und seine neue Ordinationsmanagerin bei mir im Coaching. Susanne, seine neue Ordinationsmanagerin, ist seit 6 Monaten in der Ordination, hat die Terminkoordination, die Dienstpläne und ein neues IT-System eingeführt. Heute soll ein gemeinsamer Teamworkshop mit den Assistentinnen besprochen werden.

Susanne war ein Glücksfall im Recruiting. Sie hatte bereits mehrjährige Erfahrung im Ordinationsmanagement. Sie hatte schon bei einem anderen Zahnarzt die Praxis geführt. Außerdem war sie eine strukturierte, organisierte Person, die über eine angenehme Art und gut ausgeprägte Führungs-Skills verfügte. Sie war offen für andere Meinungen und konnte sich trotzdem durchsetzen. Innerhalb kurzer Zeit hat sie Alexander entlasten können, war Ansprechperson bei Reibungen innerhalb des Teams und hat es geschafft vom Team anerkannt zu werden.

RESILIENZ UND TEAM

Learning Nugget

DIE RICHTIGEN MITARBEITER SIND ENTSCHEIDEND

Alexander erkannte, dass die Einstellung einer qualifizierten Ordinationsmanagerin, die die Prozesse und das Team effizient managen konnte, den Unterschied ausmachte. Dies entlastete ihn und verbesserte die Atmosphäre in der Praxis erheblich.

DIE ROLLE DER RICHTIGEN MITARBEITER IN EINER RESILIENTEN ORGANISATION

In einer sich ständig verändernden Welt ist Resilienz nicht nur für Individuen, sondern auch für Organisationen ein entscheidender Erfolgsfaktor. Resilienz bedeutet für Unternehmen, auf unerwartete Veränderungen und Herausforderungen flexibel und erfolgreich reagieren zu können. Dabei spielen die richtigen Mitarbeiter eine zentrale Rolle. Doch wie genau tragen sie zu einer resilienten Organisation bei?

ANPASSUNGSFÄHIGKEIT: FLEXIBILITÄT IM WANDEL

Mitarbeiter, die offen für Veränderungen sind und sich schnell an neue Bedingungen anpassen können, bilden das Rückgrat einer resilienten Organisation. Sie betrachten Veränderungen nicht als Bedrohung, sondern als Chance zur Weiterentwicklung. Solche Mitarbeiter sind in der Lage, schnell neue Fähigkeiten zu erlernen, sich auf veränderte Märkte einzustellen und kreative Lösungen für neue Herausforderungen zu finden. Ihre Anpassungsfähigkeit sorgt dafür, dass das Unternehmen flexibel auf Veränderungen reagieren kann, ohne aus dem Gleichgewicht zu geraten.

KOLLABORATION UND TEAMGEIST: GEMEINSAM STÄRKER

Resilienz ist nicht nur eine individuelle Stärke, sondern eine kollektive Fähigkeit. Die richtigen Mitarbeiter bringen einen starken Teamgeist mit und wissen, wie wichtig es ist, sich gegenseitig zu unterstützen. In schwierigen Zeiten können sie durch eine offene Kommunikation und enge Zusammenarbeit gemeinsam Lösungen finden und sich gegenseitig den Rücken stärken. Das schafft nicht nur eine positive Arbeitsatmosphäre, sondern auch eine Kultur, in der Herausforderungen gemeinsam gemeistert werden. So entsteht ein Umfeld, in dem alle zusammenhalten und in der Lage sind, sich als Team neuen Situationen anzupassen.

INNOVATIONSKRAFT: LÖSUNGEN STATT PROBLEME

Resiliente Organisationen zeichnen sich dadurch aus, dass sie nicht in alten Denkmustern verharren, sondern innovative Wege finden, um sich weiterzuentwickeln. Mitarbeiter, die kreativ denken und sich nicht scheuen, neue Ideen einzubringen, tragen maßgeblich dazu bei. Sie sehen Schwierigkeiten nicht als Hindernis, sondern als Anstoß, über den Tellerrand hinauszublicken. Ihre Bereitschaft, Neues auszuprobieren und Risiken einzugehen, sorgt dafür, dass das Unternehmen stets offen für neue Möglichkeiten bleibt und so in der Lage ist, selbst unvorhersehbare Herausforderungen erfolgreich zu bewältigen.

EMOTIONALE STABILITÄT: RUHE IM STURM

Gerade in Krisenzeiten sind Mitarbeiter, die eine hohe emotionale Stabilität mitbringen, von unschätzbarem Wert. Sie bewahren auch in schwierigen Situationen einen kühlen Kopf, behalten den Überblick und sorgen für eine konstruktive Atmosphäre. Diese Fähigkeit, sich nicht von Unsicherheiten und Druck aus der Ruhe bringen zu lassen, wirkt sich positiv auf das gesamte Team aus. Solche Mitarbeiter können dabei helfen, Stress zu reduzieren und die moralische Stärke der Gruppe aufrechtzuerhalten. Ihre innere Ruhe und Zuversicht strahlen auf andere aus und tragen dazu bei, dass das gesamte Team resilient bleibt.

LERNBEREITSCHAFT: KONTINUIERLICHE WEITERENTWICKLUNG

In einer dynamischen Welt sind Veränderungen die einzig Konstante. Die richtigen Mitarbeiter sind bereit, sich kontinuierlich weiterzuentwickeln und aus Rückschlägen zu lernen. Sie sehen Feedback nicht als Kritik, sondern als Möglichkeit zur Verbesserung. Diese Lernbereitschaft trägt dazu bei, dass die Organisation sich ständig weiterentwickelt und sich den Gegebenheiten des Marktes anpassen kann. Ein Team von lernbereiten Mitarbeitern bedeutet, dass das Unternehmen stets auf dem neuesten Stand bleibt und sich schnell auf neue Trends und Technologien einstellen kann.

UNTERNEHMENSKULTUR UND ZUSAMMENHALT: DIE BASIS DER RESILIENZ

Die richtigen Mitarbeiter tragen auch dazu bei, eine Unternehmenskultur zu schaffen, die von Vertrauen, Wertschätzung und gegenseitigem Respekt geprägt ist. Eine solche Kultur stärkt den Zusammenhalt und sorgt dafür, dass sich jeder Einzelne als wichtiger Teil des Ganzen fühlt. Wenn Mitarbeiter sich mit den Werten des Unternehmens identifizieren und sich geschätzt fühlen, sind sie eher bereit, auch in schwierigen Zeiten ihr Bestes zu geben. Das fördert die langfristige Stabilität und Widerstandsfähigkeit der Organisation.

FAZIT: RESILIENZ IST EINE TEAMLEISTUNG

Eine resiliente Organisation braucht Mitarbeiter, die anpassungsfähig, innovativ und emotional stabil sind, die gut im Team arbeiten und bereit sind, sich ständig weiterzuentwickeln. Diese Eigenschaften tragen dazu bei, dass das Unternehmen auch in unsicheren Zeiten handlungsfähig bleibt und Herausforderungen nicht nur übersteht, sondern gestärkt daraus hervorgeht. Die richtigen Mitarbeiter sind somit nicht nur eine Ressource, sondern der Schlüssel, um die Widerstandskraft und Anpassungsfähigkeit einer Organisation nachhaltig zu stärken

Klare Rollendefinition von Alexanders unterschiedlichen Aufgaben und Rollen in der Praxis:

Um die Rollenkonflikte erfolgreich zu bewältigen, war es wichtig, dass sich Alexander seiner unterschiedlichen Rollen bewusstwurde und klare Strukturen geschaffen wurden.

ANFORDERUNGS-PROFIL

Übung

ORDINATIONSMANAGERIN FÜR EINE ZAHNARZTPRAXIS

Stellenbezeichnung: Ordinationsmanagerin (m/w/d)
Ort: Zahnarztpraxis, Wien und Tulln
Anstellungsart: Vollzeit
Berichtslinie: Direkte Berichtslinie zum Praxisinhaber / Zahnarzt

Ziel der Position:
Die Ordinationsmanagerin ist verantwortlich für den reibungslosen Ablauf der Praxisorganisation und unterstützt den Praxisinhaber in sämtlichen administrativen und organisatorischen Aufgaben. Sie sorgt dafür, dass die Patientenbetreuung effizient und freundlich erfolgt und übernimmt die Koordination des gesamten Praxisbetriebes.

AUFGABEN UND VERANTWORTUNGSBEREICHE:

- **Praxisorganisation und -verwaltung:**

  Planung und Koordination der Praxisabläufe, um einen effizienten und reibungslosen Betrieb sicherzustellen.

  Verwaltung der Terminplanung, um Wartezeiten für Patienten zu minimieren und eine gleichmäßige Auslastung sicherzustellen.

  Organisation und Durchführung der Abrechnung (u.a. mit Krankenkassen und Patienten) sowie Überwachung der Zahlungseingänge.

  Bestellung und Verwaltung von Verbrauchsmaterialien und Medikamenten, um eine jederzeit ausreichende Versorgung sicherzustellen.

- **Mitarbeiterführung und -koordination:**

  Führung, Motivation und Einsatzplanung der Mitarbeiterinnen (z.B. zahnmedizinische Fachangestellte, Prophylaxe-Assistentinnen).

  Durchführung von regelmäßigen Team-Meetings, um die Kommunikation und das Zusammengehörigkeitsgefühl zu stärken.

Unterstützung bei der Einarbeitung neuer Mitarbeiter und Durchführung von Schulungen.

Ansprechperson für das Team bei organisatorischen und administrativen Fragen.

- **Patientenmanagement und -kommunikation:**

  Empfang und Betreuung der Patienten, um eine positive Atmosphäre in der Praxis zu gewährleisten.

  Beantwortung von Anfragen telefonisch und per E-Mail.

  Management von Patientenakten und -dokumenten unter Einhaltung der Datenschutzbestimmungen.
  Beschwerdemanagement und Lösungsfindung bei Anliegen der Patienten.

- **Marketing und Öffentlichkeitsarbeit:**

  Unterstützung bei der Erstellung und Umsetzung von Marketingmaßnahmen, z. B. Praxiswebseite, Social Media, Flyer.

  Organisation von Praxis-Events oder Patientenseminaren.

- **Unterstützung des Praxisinhabers:**

  Zuarbeit für den Praxisinhaber in administrativen und organisatorischen Belangen.

  Erstellung von Berichten und Statistiken zur Praxisentwicklung.

  Vorbereitung und Unterstützung bei Praxisprüfungen (z. B. Hygienekontrollen, Abrechnungsprüfungen).

ANFORDERUNGSPROFIL:

- **Fachliche Qualifikationen:**

  Abgeschlossene Ausbildung im kaufmännischen Bereich, im Gesundheitswesen (z. B. zahnmedizinische Fachangestellte) oder vergleichbare Qualifikationen.

Mehrjährige Berufserfahrung im Bereich Praxisorganisation oder in einer vergleichbaren Position.

Kenntnisse im Bereich Abrechnung (u. a. mit der Krankenkasse und Privatabrechnung).

Sicherer Umgang mit Praxissoftware (z.B. Charly, Dampsoft) und MS-Office-Anwendungen.

- **Persönliche Qualifikationen:**

Organisationsgeschick: Fähigkeit, den Praxisbetrieb effektiv zu strukturieren und Prioritäten zu setzen.

Kommunikationsfähigkeit: Professionelle und freundliche Kommunikation mit Patienten, Mitarbeitern und dem Praxisinhaber.
Führungskompetenz: Fähigkeit, das Team zu motivieren, zu führen und in stressigen Situationen Ruhe zu bewahren.

Eigeninitiative: Hohe Bereitschaft, eigenständig zu arbeiten und Verantwortung zu übernehmen.

Diskretion: Verlässlichkeit im Umgang mit sensiblen Patienteninformationen und Einhaltung der Datenschutzvorgaben.

Serviceorientierung: Hohe Kundenorientierung und freundlicher Umgang mit Patienten.

- **Sonstige Anforderungen:**

Flexibilität und Bereitschaft, bei Bedarf auch außerhalb der üblichen Praxiszeiten zu arbeiten.

Kenntnisse in Hygienerichtlinien und deren Umsetzung in der Praxis (wünschenswert).

Affinität zu neuen digitalen Lösungen und Bereitschaft, sich in neue Software einzuarbeiten.

NOTIZEN

Session 14

Coaching Session 14

DAS NEHME ICH NICHT PERSÖNLICH!

Johanna, eine engagierte und karrierebewusste Juristin, kommt gestresst und erschöpft zur ersten Coaching Session.

„All meine Bemühungen haben nichts gebracht. Ich habe extra ein Offsite (Treffen außerhalb des Unternehmens) organisiert, damit sich mein Team einmal außerhalb des Büros treffen und austauschen kann. Ein super Baumhotel, mitten im Wald, mit allen Annehmlichkeiten wie Infinity Swimmingpool, Wellness-Bereich und exzellentem Essen – alles umsonst. Diese undankbaren Menschen! Ich habe sogar einen Mediator mitgenommen, damit wir externe Unterstützung bekommen und die Krisenstimmung im Team endlich bereinigt wird. Aber es hat nichts gebracht, die Vereinbarungen, die wir im Teambuilding-Meeting getroffen haben, wurden nicht eingehalten."

Johanna ist Bereichsleiterin in einem großen Versicherungskonzern und leitet den Bereich Schaden. Ihr Team besteht aus drei Abteilungsleiterinnen, ebenfalls Juristinnen, fünfzehn Sachbearbeiterinnen, die die administrative Abwicklung im SAP übernehmen, und drei High Potentials, die im Zuge einer Recruiting-Veranstaltung rekrutiert wurden und als High Potential eingestuft in ihre Abteilung gekommen sind.

Dies ist auch der Grund für die Krisenstimmung. Die High Potentials arbeiten für eine Abteilung und wurden während des gesamten Auswahlprozesses sehr gehypt. Die Vorstände und alle Bereichsleiter des Unternehmens waren dabei, es ist zweimal im Jahr ein großes Recruiting-Event. Jede Bewerberin, die es schafft, diesen Prozess zu durchlaufen, startet mit sehr guten Karten, da zwei Vorstände ebenfalls so ins Unternehmen gekommen sind. Die Sachbearbeiterinnen im Team von Johanna, die teilweise bereits seit zwanzig Jahren im Unternehmen sind, verbreiten schlechte Stimmung gegen die High Potentials, weil deren Gehalt sehr hoch ist und sie an strategisch wichtigen Projekten mitarbeiten dürfen – etwas, was die Sachbearbeiterinnen nicht können. Zwischen den drei Abteilungsleiterinnen ist nun ein heftiger Konflikt entstanden: Die High Potentials haben sich beschwert, dass sie keine Informationen von den Sachbearbeiterinnen bekommen und nicht ins Team integriert werden. Die Sachbearbeiterinnen bestreiten dies und sagen, dass die High Potentials nie in der Abteilung sind, da sie ständig an anderen Projekten mitarbeiten.

Johanna kam auf die Idee, ein Teambuilding-Wochenende außerhalb des Unternehmens zu organisieren, mit externer Begleitung und in einem außergewöhnlich schönen Ambiente. Dies wurde im Coaching erarbeitet, um alle Meinungen offen auf den Tisch zu bringen. *„Und“*, sagt sie vorwurfsvoll zu mir, *„was hat das jetzt gebracht? Nichts!“* Als ob ich die Schuldige bin – das nehme ich jetzt nicht persönlich, denke ich, und auch für Johanna könnte dieser Satz hilfreich sein.

„Wie ist das Teambuilding verlaufen?“, frage ich. *„Die Abteilungsleiterinnen halten zu ihren jeweiligen Teammitarbeiterinnen, und der Konflikt zwischen den Sachbearbeiterinnen und den High Potentials wurde angesprochen, aber nicht gelöst.“ „Okay, dann liegt der Konflikt jetzt mal offen, oder?“*, frage ich nach. *„Ja“*, sagt sie gereizt, *„aber was soll ich jetzt machen? Ich habe alles versucht und nichts funktioniert. Die Abteilungsleiterinnen haben mit mir vereinbart, dass sie zum Wohl des Bereiches agieren und gemeinsam an einem Strang ziehen. Sie haben mich wirklich enttäuscht, ich kann ihnen nicht mehr vertrauen“*, sagt Johanna weiter. *„Eine will sowieso meinen Job.“*

Johanna nimmt es persönlich und kann deshalb nicht auf die Meta-Ebene gehen. Sie fühlt sich persönlich angegriffen, Vertrauen und Unsicherheit spielen eine Rolle. Vertrauen ist ein großer Wert für Johanna, das haben wir bereits in einer früheren Coaching-Session besprochen.

„Angenommen, Sie nehmen es nicht persönlich, nur mal angenommen, die Abteilungsleiterinnen sind ebenfalls enttäuscht und wissen nicht, wie sie den Konflikt mit ihren Mitarbeiterinnen lösen sollen. Nur mal angenommen", sage ich. *„Wir wissen ja nicht, was sie tatsächlich denken, da sie nicht hier sind und wir sie nicht fragen können."*

Johanna schaut mich an und lässt sich darauf ein. *„Wenn ich es aus dieser Perspektive betrachte, dann sitze ich mit den Abteilungsleiterinnen tatsächlich im selben Boot und kann sie nur darin bestärken, dass ich sie unterstützen werde." „Okay, und wie könnten Sie die Abteilungsleiterinnen unterstützen?"*

„Erstens, indem wir uns mal gemeinsam hinsetzen und zu viert konkrete Schritte überlegen, wie wir den Konflikt zwischen den High Potentials und den anderen Teammitgliedern lösen können. Schon allein die Bezeichnung ist eigenartig", sage ich. *„Gibt es unter den Sachbearbeiterinnen keine Keyplayerinnen? Vielleicht macht es Sinn, auch in jeder Abteilung eine Keyplayerin zu nominieren"*, sage ich weiter. *„Ja, das ist eine Spitzenidee"*, sagt Johanna sofort euphorisch. *„Die Sachbearbeiterinnen müssen ebenfalls die Möglichkeit dazu bekommen. Vielleicht gibt es welche, die als Mentorinnen agieren möchten und diese bekommen dann einen Bonus."*

„Die Zwei-Klassen-Gesellschaft muss aufgelöst werden", sagt Johanna. *„Um das konkrete Wie werden sich einerseits die Abteilungsleiterinnen kümmern"*, sagt sie weiter. *„Ich werde auch mit Human Ressource sprechen, welche Ideen sie dazu haben."*

„Auf alle Fälle hat das jetzt Priorität", sagt sie weiter. *„Für mich persönlich habe ich wieder einmal mitgenommen, dass ich Situationen teilweise zu persönlich nehme. Dadurch bin ich dann in meiner kreativen Lösungsfindung gehindert, weil ich mehr darüber nachdenke, wie enttäuscht ich bin, und weniger in Lösungen. Was kann ich da tun?"*, fragt sie mich.

Johanna ist eine ausgesprochen empathische und innovative Persönlichkeit, für eine Juristin ist das nicht so ein alltägliches Profil. Genau diese Eigenschaften haben dem Vorstand so gut gefallen. Empathische Personen müssen oft lernen, sich abzugrenzen, um Aussagen und Situationen nicht persönlich zu nehmen.

„Was ist, wenn Sie den Satz ‚Das nehme ich mal nicht persönlich' als Anker verinnerlichen? Schreiben Sie sich diesen Satz auf ein Post-it, sodass Sie ihn jederzeit sehen können. Wichtig ist, dass Sie ihn so oft eintrainieren, dass er im Stressfall automatisiert angewandt werden kann", fahre ich fort. Weiters habe ich Folgendes mit Johanna besprochen:

NICHT ALLES PERSÖNLICH NEHMEN – JOHANNAS VEREINBARUNG

Übung

Ich, Johanna, habe beschlossen, die Übung „Das Nicht-Persönlich-Nehmen" in meinen Alltag zu integrieren, um besser mit stressigen Situationen umzugehen und meine emotionale Resilienz zu stärken. Hier ist mein Vorgehen:

1. POST-IT NOTIZEN

Zuerst habe ich mir den Satz „Das nehme ich mal nicht persönlich" auf mehrere Post-it-Notizen geschrieben. Diese habe ich an verschiedenen gut sichtbaren Orten in meinem Büro und zu Hause platziert – auf meinem Schreibtisch, an meinem Computerbildschirm, am Spiegel im Badezimmer und im Auto. Jedes Mal, wenn ich diesen Satz sehe, erinnere ich mich an meine Vereinbarung mit mir.

2. TÄGLICHE REFLEXION

Am Ende jedes Tages nehme ich mir fünf Minuten Zeit, um den Tag zu reflektieren. Ich analysiere Situationen, in denen ich mich persönlich angegriffen gefühlt habe. Heute habe ich zum Beispiel darüber nachgedacht, wie ich auf die kritischen Bemerkungen eines Teammitglieds während des Meetings reagiert habe. Anstatt mich auf den Inhalt der Kritik zu konzentrieren, fühlte ich mich sofort persönlich angegriffen. Durch die Reflexion wurde mir bewusst, dass diese Reaktion meine Fähigkeit beeinträchtigt hat, konstruktiv zu bleiben.

3. SELBSTGESPRÄCHE ÜBEN

In stressigen Momenten oder wenn ich mich emotional aufgeladen fühle, wiederhole ich in Gedanken den Satz „Das nehme ich mal nicht persönlich". Heute, als ein Kollege eine abwertende Bemerkung über ein von mir vorgeschlagenes Projekt machte, konnte ich diese Technik anwenden. Indem ich den Satz mehrmals wiederholte, gelang es mir, ruhig und sachlich zu bleiben, anstatt defensiv zu reagieren.

4. NEUTRALE REAKTIONEN VISUALISIEREN

Abends nehme ich mir Zeit, um mir vorzustellen, wie ich in zukünftigen, potenziell stressigen Situationen neutral und nicht-persönlich reagieren könnte. Ich stelle mir vor, wie ich ruhig bleibe und mich auf die Fakten konzentriere, anstatt emotional zu reagieren. Zum Beispiel habe ich mir heute vorgestellt, wie ich in einem bevorstehenden Meeting sachlich auf Kritik an meiner Arbeit eingehe und offen für Verbesserungsvorschläge bleibe.

Durch diese Übung habe ich bereits erste Fortschritte gemacht. Ich fühle mich weniger schnell angegriffen und kann meine Energie besser auf konstruktive Lösungen konzentrieren. Diese neue Herangehensweise hilft mir nicht nur im Berufsleben, sondern auch in meinen persönlichen Beziehungen.

So jetzt bist Du an der Reihe. Triff eine Vereinbarung mit Dir selbst. Überlege Dir, welches neue, positive Verhalten Du Dir wünschst und umsetzen möchtest.

RESILIENZ UND NEUROPLASTIZITÄT

Learning Nugget

TEAMBUILDING

Konflikte können nicht durch eine einmalige Veranstaltung gelöst werden, sondern bedürfen kontinuierlicher und strukturierter Maßnahmen. Ich habe in den fast 30 Jahren meiner Karriere zig Teambuilding Evens moderiert, konzipiert und begleitet. Die zwei oder drei Tage sind als Auftakt zu verstehen. Es ist der Beginn eines Prozesses und es obliegt dann dem Team oder einzelnen Personen (die sollten möglichst schon beim Event die Verantwortung übernehmen) immer wieder auf die im Team Event vereinbaren Spielregeln aufmerksam machen.

KOMMUNIKATION

Offene und ehrliche Kommunikation ist entscheidend, um Missverständnisse und Konflikte zu klären. Das klingt einfach, stellt sich in der Praxis jedoch oft als große Herausforderung heraus. Nahezu jeder Kunde wünscht sich eine reibungslose Kommunikation im Team, sei es mit den eigenen Mitarbeitenden, Vorgesetzten oder Kollegen. Aber warum ist das so schwer? Es sind die Unterschiede in der Kommunikation – ausgelöst durch unterschiedliche Denk- und Verhaltensweisen, verschiedene Wahrnehmungen und deren Interpretationen. Wenn gar nichts mehr funktioniert, gibt es einen Satz, der mir immer wieder hilft, mich daran zu erinnern: We agree that we disagree. Lass uns akzeptieren, dass wir unterschiedlicher Meinung sind. Das hilft und lässt Raum für beide Ansichten.

VERTRAUEN

Vertrauen innerhalb eines Teams ist von zentraler Bedeutung und muss bewusst aufgebaut und gepflegt werden. Dieser Prozess braucht Zeit und geschieht nicht von heute auf morgen. Oft sehe ich bei Führungskräften, dass das Misstrauen gegenüber ihren Mitarbeitenden dazu führt, dass auch diese das Vertrauen in ihre Führungskraft verlieren. Vertrauen ist eine wechselseitige Beziehung, die sich nur entwickelt, wenn beide Seiten daran arbeiten. Ein wichtiger Aspekt dabei ist Walk the talk – das bedeutet, dass man seine eigenen Worte durch Taten unterstützt. Wenn Führungskräfte das, was sie versprechen, auch einhalten, schaffen sie eine verlässliche Basis, auf der Vertrauen wachsen kann. Dieses konsequente Handeln stärkt nicht nur die Beziehung zu den Mitarbeitenden, sondern motiviert auch das gesamte Team, sich vertrauensvoll einzubringen. Vertrauen schafft eine offene Atmosphäre, in der Ideen und Anliegen frei geteilt werden können, und trägt so langfristig zum Erfolg des Teams bei.

EMPATHIE UND ABGRENZUNG

Empathische Menschen stehen oft vor der Herausforderung, sich abzugrenzen und Dinge nicht persönlich zu nehmen. Das klingt leichter, als es in der Praxis umzusetzen ist. Jedes Mal, wenn ich im Coaching empfehle, sich besser abzugrenzen, weiß ich, dass das allein nicht ausreicht – die eigentliche Frage ist: Wie?

Zwei konkrete Ansätze, wie empathische Menschen ihre Abgrenzung verbessern können, sind:

Mentale Grenzen setzen:
Visualisiere einen Schutzraum um Dich herum, der Deine Gefühle von den Emotionen anderer trennt. Wenn jemand zum Beispiel Frustration oder Ärger äußert, stelle Dir vor, dass diese Gefühle außerhalb Deines eigenen „Raums" bleiben. Dadurch kannst Du die Emotionen des anderen wahrnehmen, ohne sie selbst aufzunehmen.

„Ich"-Botschaften verwenden:
Statt die Gefühle anderer unbewusst zu übernehmen, können empathische Menschen durch „Ich"-Botschaften ihre eigenen Grenzen wahren. Zum Beispiel: „Ich verstehe, dass Du frustriert bist, aber ich brauche kurz Zeit, um über meine eigenen Gedanken nachzudenken." Dies signalisiert Verständnis, ohne die eigenen Bedürfnisse zurückzustellen.

Diese Strategien helfen, Mitgefühl zu zeigen und gleichzeitig die eigene emotionale Balance zu bewahren.

Wenn wir uns neue Verhaltensweisen aneignen möchten, wie zum Beispiel entspannter auf Stress zu reagieren oder uns besser abgrenzen, dann ist das ähnlich wie Sporttraining: Je öfter wir üben, desto besser werden wir. Das liegt an der Art und Weise, wie unser Gehirn funktioniert. Unser Gehirn ist plastisch – es kann sich verändern und anpassen. Diese Fähigkeit nennt man Neuroplastizität. Sie ist der Schlüssel dazu, warum Training so wichtig ist.

NEUROPLASTIZITÄT: DIE ANPASSUNGSFÄHIGKEIT DES GEHIRNS

Neuroplastizität bedeutet, dass unser Gehirn ständig neue Verbindungen zwischen den Nervenzellen, den sogenannten Neuronen, aufbaut. Wenn wir ein Verhalten wiederholen, zum Beispiel das Üben einer neuen Sprache oder das bewusste Entspannen, dann verstärken wir die Verbindungen zwischen den Neuronen, die für dieses Verhalten zuständig sind. Man kann sich das vorstellen wie ein Trampelpfad: Je öfter man über denselben Weg geht, desto deutlicher wird der Pfad.

VERHALTENSGEWOHNHEITEN: VON DER LANDSTRASSE ZUR AUTOBAHN

Am Anfang, wenn wir eine neue Verhaltensweise lernen wollen, ist der „Pfad" in unserem Gehirn noch sehr schmal und leicht zu verlieren. Das bedeutet, dass es uns zunächst schwerfällt, uns an das neue Verhalten zu erinnern oder es durchzuhalten. Mit jeder Wiederholung aber wird der Pfad breiter und stabiler – wie eine Landstraße, die zu einer Autobahn wird. Die Nervenverbindungen werden dicker und die Signale in unserem Gehirn können schneller durch diesen „Weg" laufen. So fällt es uns mit der Zeit leichter, die neue Verhaltensweise auszuführen.

DAS BELOHNUNGSSYSTEM: WARUM WIR UNS BEIM ÜBEN GUT FÜHLEN

Wenn wir uns in unserem Verhalten verbessern, aktiviert das auch das Belohnungssystem in unserem Gehirn. Dieses System schüttet Dopamin aus – das sogenannte „Glückshormon". Dopamin motiviert uns, weiterzumachen, weil es uns ein gutes Gefühl gibt. Es ist wie beim Sport: Wenn wir einen kleinen Erfolg erleben, möchten wir diesen Erfolg wiederholen, weil wir uns dadurch besser fühlen. Das hilft uns dabei, dranzubleiben und die neuen Verhaltensweisen zu verinnerlichen.

GEDULD ZAHLT SICH AUS: DIE BILDUNG NEUER NERVENBAHNEN BRAUCHT ZEIT

Genau wie Muskeln Zeit brauchen, um stärker zu werden, braucht auch unser Gehirn Zeit, um neue Verbindungen aufzubauen. Am Anfang kann es frustrierend sein, weil man das Gefühl hat, kaum Fortschritte zu machen. Doch mit jedem Trainingstag werden die neuen Nervenverbindungen stabiler und unsere neuen Verhaltensweisen setzen sich immer mehr durch. Das bedeutet, dass Geduld und regelmäßiges Üben entscheidend sind, damit die neuen Gewohnheiten fest im Gehirn verankert werden.

FAZIT: ÜBUNG MACHT DIE VERHALTENSMEISTERSCHAFT

Das Training neuer Verhaltensweisen ist vergleichbar mit dem Training im Sport, weil es die Neuroplastizität des Gehirns nutzt. Durch regelmäßiges Üben werden die Verbindungen in unserem Gehirn stärker und stabiler, und mit der Zeit fällt es uns immer leichter, die neuen Verhaltensweisen umzusetzen. Genau wie beim Sport wird aus einem schmalen Trampelpfad eine breite, gut ausgebaute Straße – und schließlich geht das neue Verhalten in Fleisch und Blut über.

Deshalb ist es entscheidend, die Übungen tatsächlich umzusetzen, um resilienter zu werden. Die Übungen in meinem Buch sind keine Raketen-Wissenschaft. Doch dranzubleiben und sie konsequent in die Praxis umzusetzen, ist die eigentliche Herausforderung.

Nimmst Du die Herausforderung an? Bist Du bereit, Deine Resilienz zu trainieren?

NOTIZEN

Session 15

Coaching Session 15

KEINE ENTSCHEIDUNG FÜR 2 TAGE... 15

Peter, ein willensstarker, leistungsfähiger und engagierter Chief Marketing Officer (CMO = Marketingvorstand) weiß nicht, wie er weitermachen soll. Er schläft seit Monaten schlecht, die Zahlen in seinem Bereich sind schlecht, die Motivation seiner Führungsmannschaft ist nicht vorhanden, und der neue Mehrheitseigentümer aus dem Ausland kontrolliert ständig alles. Peters Körper reagiert bereits massiv auf den Stress. Sein Magen rebelliert und er kann sich nicht mehr lange konzentrieren. Ich arbeite schon sehr lange mit ihm zusammen und habe ihn vom Bereichsleiter bis hin zum Vorstand begleitet. Seine ausgeprägte Resilienz und seine Fähigkeit, sich an neue Situationen anzupassen, zeichneten ihn bis dato immer aus. Die Rolle des Marketingvorstands macht er erst seit etwa drei Monaten, und die Lage hat sich für ihn zugespitzt, wie er es selbst ausdrückt.

Er kommt zu mir ins Coaching und telefoniert noch: *„Das gibt es doch nicht, wir haben alle Shops bereits geplant und vorbereitet, um mit dem neuen Design und neuem Sales-Konzept bis Ende des Jahres auszurollen. Der erste Shop ist bereits seit zwei Monaten als Pilot geöffnet und der Umsatz ist so vielversprechend. Die Shopleiter sind alle auf das neue Konzept geschult und committed. Wie soll ich das bitte kommunizieren? Das geht so nicht"*, höre ich ihn resigniert sagen.

Peter hatte noch in der Funktion des Bereichsleiters an seinem Herzensprojekt, der Neugestaltung der insgesamt 240 Shops, gearbeitet. Die große Konkurrenz im Online-Business macht ordentlich Druck und vor allem Kleidung wird immer mehr online gekauft. Deshalb haben sich Peter und seine Führungscrew sowohl hybride als auch face-to-face-Konzepte überlegt, um die Kunden wieder mehr in die Geschäfte zu bringen. Kleidung bedarf keiner allzu großen Beratung, ganz im Gegensatz zu technischen Produkten, jedoch schaffen es große und bekannte Luxusmarken auch sehr gut, ihre Geschäfte zu füllen, sogar mit langen Warteschlangen. Peter hat im letzten Jahr so viel dafür getan: Mystery Shopping, lernen von den Besten und vieles mehr. Viele neue innovative Ideen sind entstanden und schlussendlich hat er es auch deshalb zum neuen Marketingvorstand geschafft.

Und jetzt? Alles soll anders sein, die Shops wie bisher, sogar noch weniger. Ein Sparkurs anstelle von Wachstum. Die Aufgabe hat sich verändert, anstelle von Investitionen sollen ca. 50 % geschlossen werden und ins Online-Business investiert werden.

Peter schaut mich müde, fassungslos und erschöpft an. *„Jetzt ist es fix. Der Mehrheitseigentümer hat es gerade beschlossen und mich darüber informiert. Die nächsten 12 Monate sind dazu da, um 50 % der Shops zu schließen oder in Franchise zu vergeben und mit aller Kraft ins Online-Business zu investieren."*

„Das ist Vernichtung von Ressourcen und all dem bereits investierten Geld. Unglaublich, wenn ich es nicht selbst erleben würde, ich hätte so etwas nicht für möglich gehalten. Natürlich haben wir gewusst, dass es zu Veränderungen durch den ausländischen Mehrheitseigentümer kommen wird, jedoch nicht so massiv und so radikal. Das ist das genaue Gegenteil meiner Strategie und Vision", schimpft Peter weiter.

„Ich habe überhaupt keine Wahl, ich muss gehen und kündigen", höre ich ihn sagen. Der Stress der vergangenen Jahre und vor allem der letzten Monate hat ihm sehr zugesetzt. Die eigene Veränderung, der Sprung auf C-Level, die Veränderung der Eigentumsverhältnisse und schließlich jetzt die neue

Strategie scheinen für ihn zu viel zu sein.

„Ok", sage ich, *„das ist eine Möglichkeit und die besteht immer. Du kannst immer kündigen. Das ist Dein gutes Recht, wenn die von Dir ausgearbeitete Strategie und Vision nicht möglich sind und das genaue Gegenteil umgesetzt wird. Dann ist das eine Möglichkeit."* Ich sehe, wie sich Peter verkrampft. Schon allein der Gedanke, das Unternehmen zu verlassen, spiegelt sich in seiner nonverbalen Kommunikation wider. Er schüttelt immer wieder den Kopf.

„Dann würde es bedeuten, dass ich meine Mitarbeiter im Stich lasse, dass ich komplett aufgebe", sagt Peter. Ich sehe, wie Peter mit sich kämpft.

„Der erste Schritt ist jetzt einmal, die Situation zu akzeptieren", sage ich zu Peter. *„Du brauchst jetzt Zeit, um das zu verarbeiten. Deine negativen Gefühle sind absolut berechtigt. Du hast fast zwei Jahre an dem neuen Shop-Konzept gearbeitet und jetzt wird es nicht so umgesetzt, wie Du es Dir vorgestellt hast. Da ist es absolut verständlich, dass Du genervt bist. In der Emotion jedoch eine Entscheidung zu treffen, ist nicht gut"*, sage ich weiter.

„Bleiben wir heute in dieser Coaching-Session bei Deinen Gefühlen. Was macht die neue Situation mit Dir, was fühlst Du?", frage ich.

„Ich kann es nicht glauben", sagt Peter, *„ich kann es einfach nicht glauben, es macht mich wütend und ich verspüre großen Hass." „Gut"*, sage ich, *„das ist gut, dass Du Deine Gefühle verbalisieren kannst. Bitte schreibe diese bis zum nächsten Coaching, das wir bereits in zwei Tagen machen, auf. Alle Gefühle, alles, was Dich nervt, stört, was Du loswerden möchtest. In diesen zwei Tagen, und das ist eine überschaubare Zeit, triffst Du keine Entscheidung. Das Ziel ist, in diesen zwei Tagen einmal für Dich alles zu akzeptieren und loszulassen. Nimm Dir Zeit dafür, mache Homeoffice, damit Du auch eine räumliche Distanz schaffst und wenn möglich, nimm Dir Urlaub. Jetzt gilt es in einem ersten Schritt, die Situation so anzunehmen, wie sie ist. In zwei Tagen schauen wir dann weiter, einverstanden?"*

Peter nickt und ist froh, jetzt keine Entscheidung treffen zu müssen. Wir vereinbaren einen nächsten Termin in zwei Tagen.

In besonders stressigen Situationen, die ausweglos erscheinen, oder wenn wir Entscheidungen akzeptieren müssen, die uns schwerfallen, ist es wichtig, zunächst keine weiteren Entscheidungen zu treffen. Stattdessen sollten wir uns bewusst eine Pause gönnen, die Situation annehmen und auch die negativen Gefühle zulassen. Diese Akzeptanz hilft uns, wieder zu uns selbst zu finden und mit klarem Kopf weiterzumachen, wenn die Zeit dafür gekommen ist.

Für Menschen wie Peter, die es gewöhnt sind, immer und schnell zu entscheiden, ist es eine Herausforderung, einmal keine Entscheidung zu treffen und dies auszuhalten. Deshalb habe ich auch schon in zwei Tagen einen weiteren Termin vereinbart, damit die Zeit nicht allzu lange ist.

Peter soll seine Gefühle bewusst wahrnehmen und benennen, Atemübungen zur Beruhigung nutzen, seine Emotionen akzeptieren.

Fortsetzung folgt...

RESILIENZ UND AKZEPTANZ

Learning Nugget

AKZEPTANZ

Eine ganz wichtige Säule der Resilienz: Akzeptanz bedeutet, die Realität so anzunehmen, wie sie ist, ohne sie sofort ändern zu wollen. Es ist ein erster Schritt, um mit schwierigen Situationen umzugehen und die eigene Resilienz zu stärken. Für Peter ist das nun die Herausforderung und das ist die Aufgabe für die nächsten 2 Tage. Der Mehrheitseigentümer hat eine Entscheidung getroffen, das ist Realität. Je mehr sich Peter dagegen auflehnt, umso mehr Energie verbraucht er für eine Entscheidung, die bereits getroffen wurde. Akzeptanz bedeutet nicht, sich dem Schicksal einfach zu ergeben. Es bedeutet vielmehr, die Umstände, die man nicht ändern kann, anzunehmen, um dann den Fokus auf die Dinge zu richten, die man aktiv gestalten kann.

KEINE ENTSCHEIDUNG ZU TREFFEN, IST AUCH EINE ENTSCHEIDUNG

Manchmal ist es klüger, in emotional aufgeladenen Momenten keine Entscheidung zu treffen. Dies gibt Raum und Zeit, die Situation zu verarbeiten und klarer zu sehen, bevor man handelt.

Aus neurobiologischer Sicht ist es häufig klüger, in emotional stark belastenden Situationen zunächst keine Entscheidung zu treffen. Der Grund dafür liegt in der Funktionsweise unseres Gehirns unter Stress. Bei intensiven Emotionen, wie Angst oder Ärger, wird das limbische System, insbesondere die Amygdala, stark aktiviert. Die Amygdala ist für die Verarbeitung von Emotionen verantwortlich und kann in stressigen oder bedrohlichen Situationen die Kontrolle übernehmen, was oft als „Amygdala-Hijacking" bezeichnet wird. Das bedeutet, dass die emotionalen Reaktionen unser Denken dominieren und die rationale Entscheidungsfähigkeit einschränken. Gleichzeitig wird die Aktivität im präfrontalen Kortex, der für das rationale Denken, die Planung und die Abwägung von Konsequenzen zuständig ist, heruntergefahren. Das führt dazu, dass unsere Entscheidungen impulsiver und weniger durchdacht werden. Wenn wir uns in einer solchen Situation also Zeit nehmen, tief durchatmen und den Stresspegel senken, geben wir dem präfrontalen Kortex die Möglichkeit, wieder die Führung zu übernehmen. Dadurch können wir dann klarer denken und fundiertere Entscheidungen treffen. Daher ist es oft ratsam, in sehr emotionalen Momenten zunächst Abstand zu gewinnen und die Entscheidung auf später zu verschieben, wenn wir wieder ruhiger sind.

„DER BALLON" DER AKZEPTANZ

Übung

Diese Übung hilft, Akzeptanz auf eine kreative und greifbare Weise in den Alltag zu integrieren, indem sie schwierige Gedanken und Gefühle symbolisch loslässt.

SCHRITT 1: VORBEREITUNG

Nimm Dir ein paar Minuten Zeit, um Dich zu entspannen, und stelle Dir vor, Du hältst einen leeren Ballon in der Hand. Am besten, Du machst diese Übung draußen oder an einem ruhigen Ort.

SCHRITT 2: GEDANKENSAMMLUNG

Denke an eine Situation, die Dich gerade emotional belastet oder frustriert. Überlege Dir, was genau Du daran nicht ändern kannst. Zum Beispiel: „Ich kann den Streit mit meiner Freundin nicht ungeschehen machen" oder

„Ich kann das schlechte Wetter heute nicht beeinflussen". Die Entscheidung des Mehrheitseigentümers konnte von Peter ebenfalls nicht verändert werden.

Schreibe diese Gedanken und Gefühle auf kleine Zettel (oder stelle sie Dir einfach vor) und halte jeden Zettel in der Hand.

SCHRITT 3: DER BALLON FÜLLT SICH

Nimm die Zettel und stecke sie symbolisch in Deinen Ballon. Stell Dir vor, dass der Ballon sich mit diesen Gedanken und Gefühlen füllt. Spüre, wie schwer er in Deiner Hand wird. Es ist okay, all diese Gedanken und Gefühle zu haben – sie gehören zu Dir.

SCHRITT 4: LOSLASSEN ÜBEN

Halte den Ballon fest in Deiner Hand und sage Dir innerlich: „Ich erkenne an, dass ich diese Gedanken und Gefühle habe. Ich muss sie nicht verändern."

Nun öffne langsam Deine Hand, als würdest Du den Ballon loslassen und ihn in den Himmel steigen lassen. Stell Dir vor, wie der Ballon sich mit jedem Atemzug weiter von Dir entfernt, bis er schließlich außer Sichtweite ist.

SCHRITT 5: ZURÜCK IN DEN MOMENT

Atme tief ein und aus und richte Deine Aufmerksamkeit auf das, was um Dich herum ist: die Geräusche, die Luft, die Umgebung. Sage Dir selbst: „Ich akzeptiere, was ich nicht ändern kann, und fokussiere mich auf das, was ich tun kann."

Diese Übung hilft Dir, Gedanken und Gefühle, die Du nicht ändern kannst, symbolisch loszulassen. Der Ballon ist dabei eine Metapher für Akzeptanz – er erinnert Dich daran, dass es manchmal besser ist, das, was außerhalb Deiner Kontrolle liegt, ziehen zu lassen. Sie eignet sich besonders gut für Momente, in denen Du Dich von negativen Gedanken überwältigt fühlst und wieder Klarheit gewinnen möchtest.

„DREI ATEMZÜGE DER AKZEPTANZ"

Übung

SCHRITT 1: EINATMEN - DIE ANDERE MEINUNG WAHRNEHMEN

Schließe die Augen und nimm einen tiefen Atemzug.
Denke dabei an die Meinung der anderen Person, die Dich beschäftigt.

SCHRITT 2: AUSATMEN - AKZEPTIEREN

Atme langsam aus und sage Dir innerlich: „Ich muss diese Meinung nicht mögen oder teilen, aber ich lasse sie so sein, wie sie ist."

SCHRITT 3: LOSLASSEN

Nimm einen weiteren tiefen Atemzug und stelle Dir vor, dass Du die Spannung, die durch den Konflikt entsteht, beim Ausatmen loslässt. Spüre, wie Dein Körper etwas entspannter wird.

Diese Übung dauert weniger als eine Minute und hilft Dir, in stressigen Momenten gelassener mit anderen Meinungen umzugehen.

NOTIZEN

Session 16

Coaching Session 16

MAN HAT IMMER EINE WAHL... 16

Peter kommt nach zwei Tagen wieder zu mir. Er wirkt immer noch müde und erschöpft, aber etwas gefasster. *„Wie geht es dir?"*, frage ich.

„Na ja, es gab schon bessere Tage", antwortet er. *„Aber ich habe mir zwei Tage Auszeit gegönnt – keine Mails, keine Anrufe, einfach Ruhe, um meine Wunden zu lecken. Ich bin froh, dass Du mir diese zwei Tage ermöglicht hast und mir die Entscheidung abgenommen hast. In dem Moment hätte ich es selbst nicht geschafft."*

Eines der Anzeichen bei Stress ist, dass wir uns schwertun, Entscheidungen zu treffen. Peter war zu müde und zu geschockt. Oft ist die einzige Reaktion des Gehirns in so einer Situation die Flucht – Peter wollte ja auch sofort kündigen. Das ist in so einer Situation eine typische Reaktion. Deshalb ist es gut, sich herauszunehmen, den Stecker zu ziehen und Ruhe, Spaziergänge, Wellness – alles, was einem guttut – zu genießen. Ebenso hilft die Übung, alle Emotionen, die aufkommen, schriftlich festzuhalten.

Da ich Peter schon lange kannte, wusste ich, dass zwei Tage Auszeit für ihn genau das Richtige waren. Doch das ist von Person zu Person unterschiedlich und hängt stark vom Ausmaß der Frustration und Erschöpfung ab.

„So, jetzt hast Du eine Liste Deiner Emotionen. Auf einer Skala von 0-5, wo befindet sich Deine Akzeptanz der Situation heute?", frage ich. *„3-4"*, sagt Peter sofort. *„Ich bin der Akzeptanz näher und auch meiner Wut ferner"*, sagt Peter. *„Das ist gut"*, erwidere ich. *„Jetzt können wir zu arbeiten beginnen. Nur wenn wir eine Krise akzeptieren, können wir Energie freisetzen, nach Lösungen zu suchen."*

„Hast du in Deiner langjährigen Karriere schon einmal eine ähnliche Situation erlebt?", frage ich Peter. *„Nein, im beruflichen Alltag nicht, jedoch musste ich in der Schule eine Klasse wiederholen. Die 4. HAK (Handelsakademie), weil mein damaliger Lehrer mich nicht ausstehen konnte. Ich war ihm zu selbstständig und stellte zu viele Fragen. Das fällt mir jetzt ein, war für mich eine ebenso belastende Situation. Ich habe alles getan in der Schule, damit ich die Nachprüfung bestehe, und fühlte mich dem Lehrer hilflos ausgeliefert. So wie jetzt"*, sagte Peter nachdenklich. *„Das erinnert mich an meine jetzigen Gefühle. Vor allem als ich dann in der Nachprüfung durchgefallen war und die 4. Klasse wiederholen musste, fühlte ich mich wie ein Versager, der Situation so ohnmächtig ausgeliefert. Und dann habe ich noch seine Gattin als Klassenvorstand bekommen und auch noch in Französisch. In Betriebswirtschaftslehre habe ich einen anderen Lehrer bekommen und die Matura habe ich dann mit einem Jahr Verzögerung gemacht. Ich bin dann nach Wien gegangen und habe BWL an der Wirtschaftsuniversität studiert – Zufall? Das habe ich dann in Mindeststudiendauer gemacht, kürzer als die Handelsakademie!"* Das Leben muss man vorwärts leben, verstehen tut man es jedoch nur rückwärts. Das sind die sogenannten Dots, von denen Steve Jobs in seiner berührenden Rede an der Stanford University gesprochen hat.

Peter sieht mich an und er lächelt das erste Mal, atmet tief durch und sagt: *„Ja, jetzt können wir zu arbeiten beginnen. Ob ich bleibe oder gehe, ist erstens meine Entscheidung – ich bin nicht mehr ohnmächtig einer Situation ausgeliefert wie damals in der Schule. Zweitens weiß ich, dass ich die Ressourcen, Stärken und Talente habe, auch mit der neuen Situation umzugehen. Lass uns beginnen."*

Häufig sind es belastende Erlebnisse aus der Vergangenheit, die unsere Resilienz in der Gegenwart schwächen – insbesondere, wenn wir das Gefühl hatten, nichts tun zu können. Das Gefühl, nicht am Steuer zu sitzen und keine Kontrolle über die Situation zu haben, kann unsere mentale Gesundheit stark beeinträchtigen. Doch sobald wir erkennen, dass wir vielleicht nicht alle Umstände, Entscheidungen, Schicksalsschläge oder Rahmenbedingungen beeinflussen können, aber stets die Wahl haben, wie wir darauf reagieren, gewinnen wir unsere innere Stärke und Selbstbestimmtheit zurück.

Peter ist hier ein sehr gutes Beispiel. Er kann in der jetzigen Situation selbst entscheiden, wie er damit umgehen möchte. Die Entscheidung des Mehrheitseigentümers hat er zu akzeptieren, und wie er darauf reagiert, ist seine Verantwortung. Das gibt uns unseren inneren Frieden und führt dazu, dass wir selbst in die Aktion gehen können.

RESILIENZ UND MACHT

Learning Nugget

DU HAST IMMER EINE WAHL, WIE DU AUF ÄUSSERE UMSTÄNDE REAGIERST!

Reflektiere, wie Du in belastenden Situationen agieren kannst, auch wenn Du die äußeren Umstände nicht ändern kannst. Es liegt immer in Deiner Macht, wie Du darauf reagierst. Mache den Satz zu Deinem Mantra. Er führt Dich in Deine Handlungsfähigkeit und damit wieder in die Lösung. Du verlässt den Opfermodus und kommst ins Handeln.

ERKENNE BELASTENDE MUSTER AUS DER VERGANGENHEIT:

Überlege, ob aktuelle Belastungen Dich an frühere Erlebnisse erinnern, in denen Du Dich ähnlich ohnmächtig gefühlt hast. Indem Du diese Verbindungen verstehst, kannst Du Deine Resilienz stärken und die Kontrolle zurückgewinnen.

„DIE FERNBEDIENUNG DES LEBENS" Übung

Stell Dir vor, Dein Leben ist wie ein Fernseher, und Du hältst die Fernbedienung in der Hand. Du entscheidest, welchen Kanal Du wählst...

- **Denke an eine Situation, die Dich gestresst oder wütend gemacht hat.**
- **Stell Dir vor, Du drückst auf der Fernbedienung die Pausetaste.** Atme tief durch und halte kurz inne.
- **Jetzt drückst Du bewusst einen anderen Kanal, eine positive Erfahrung, ein angenehmes Gefühl, Glück, Freude, Lachen...**
- **Drücke auf Play.** Stelle Dir vor, wie die Situation ablaufen würde, wenn Du Deine neue Reaktion wählst.

Erinnerung: Du hast immer die Fernbedienung in der Hand und kannst entscheiden, welchen „Kanal" Du wählst – wie Du auf Situationen reagierst!

„DIE WAHLKARTE" Übung

SCHRITT 1: DIE SITUATION AUFSCHREIBEN

Nimm ein Blatt Papier und schreibe eine aktuelle Situation auf, die Dich belastet oder ärgert, zum Beispiel: „Mein Kollege hat meine Idee kritisiert."

SCHRITT 2: ZWEI WAHLMÖGLICHKEITEN NOTIEREN

Unter die Situation notiere zwei mögliche Reaktionen: eine impulsive und eine überlegte. Beispiel:

Reaktion 1 (impulsiv):
„Ich werde wütend und gehe in eine Verteidigungshaltung."

Reaktion 2 (überlegt):
„Ich nehme mir einen Moment, um tief durchzuatmen, und frage nach, warum er es so sieht."

SCHRITT 3: BEWUSSTE ENTSCHEIDUNG TREFFEN

Wähle nun bewusst die Reaktion, die Du für Dich als hilfreicher empfindest. Kreise sie ein und sage Dir selbst: „Ich habe die Wahl, wie ich reagiere."

SCHRITT 4: DIE ENTSCHEIDUNG UMSETZEN

Setze Deine gewählte Reaktion in der realen Situation um und beobachte, wie sich die Dynamik verändert.

Diese Übung hilft Dir, Dir bewusst zu machen, dass Du immer eine Wahl hast, wie Du auf eine Situation reagierst. Sie stärkt Dein Gefühl von Kontrolle und Selbstbestimmung und zeigt Dir, dass Du durch eine bewusste Entscheidung Deine Erfahrungen beeinflussen kannst.

NOTIZEN

Session 17

Coaching Session 17

DIE MACHT DER WORTE „ICH HABE RECHT!“ 17

Alexandra, eine äußerst ehrgeizige und zielstrebige Person, kommt bestens vorbereitet zu unserer Coaching-Session. Pünktlich auf die Minute. Sie hat ihre drei SMARTen-Ziele (spezifisch, messbar, erreichbar, relevant, terminiert) in einer PowerPoint-Präsentation festgehalten. Sie beginnt sofort, möchte den Beamer nutzen und ihre Ziele projizieren, damit ich sie gut sehen kann. Ihre Präzision und Organisationsfähigkeit lassen keinen Zweifel an ihrer zielorientierten und ergebnisorientierten Arbeitsweise.

Alexandras Vorgesetzter, Bernd, hat ihr ein Coaching empfohlen, weil er in ihrem Führungsverhalten eine Neigung zur Rechthaberei beobachtet hat. Seiner Einschätzung nach tritt Alexandra in Diskussionen und Entscheidungsprozessen oft so auf, dass ihre Meinung im Vordergrund steht und sie wenig Spielraum für andere Sichtweisen lässt. Dadurch fühlen sich ihre Mitarbeiterinnen teilweise nicht ausreichend wertgeschätzt und haben das Gefühl, dass ihre eigenen Ideen und Beiträge zu wenig berücksichtigt werden. Bernd sieht darin ein potenzielles Hindernis für die Zusammenarbeit im Team, da dies die Motivation und das Engagement der Mitarbeiterinnen negativ beeinflussen könnte. Mitarbeiterinnen, die sich nicht gehört oder in ihren Ansichten respektiert fühlen, sind weniger geneigt, aktiv zur Teamdynamik beizutragen, was langfristig auch die Produktivität und das Betriebsklima belasten kann. Bernd möchte daher, dass Alexandra im Rahmen eines Coachings die Möglichkeit erhält, sich selbst zu reflektieren und zu analysieren, ob und in welchem Umfang seine Wahrnehmung zutrifft.

Alexandra selbst hat dieses Feedback ernst genommen und sieht darin eine Chance zur persönlichen Weiterentwicklung. Sie möchte herausfinden, ob an der Kritik ihres Vorgesetzten etwas dran ist, und falls ja, wie sie ihr Verhalten anpassen kann, um den Teammitgliedern mehr Freiraum zu geben und ihre Wertschätzung stärker zum Ausdruck zu bringen. Ihr Ziel ist es, einen Führungsstil zu entwickeln, der mehr auf Offenheit und Dialog basiert und gleichzeitig ihre eigene Position als Führungskraft beibehält. Die Bereitschaft, dieses kritische Feedback als Lernmöglichkeit zu nutzen, zeigt Alexandras Motivation und Offenheit für Veränderung. Sie möchte sich verbessern, um ihre Rolle als Führungskraft optimal auszufüllen und ein Arbeitsumfeld zu schaffen, in dem sich alle Teammitglieder respektiert und eingebunden fühlen.

Alexandra übernimmt die ersten 15 Minuten der Coaching-Sitzung und präsentiert ihre Sichtweise präzise. In ihrer Darstellung zeigt sich ein Muster von Generalisierungen: Ihr Team ist „nie“ pünktlich, Projekte sind „immer“ verspätet und Fehler passieren „ständig“.

Während Alexandra spricht, wird mir klar, dass diese Generalisierungen ihre Wahrnehmung und die Interaktionen mit ihrem Team verzerren. Ich nehme mir vor, diese Tendenz direkt anzusprechen, da Alexandra mit ihrer logischen und analytischen Art gut auf klare und direkte Kommunikation reagiert. Sie hat auch das kritische Feedback ihres Vorgesetzten als Lernchance genommen, das ist eine ihre Stärken.

Ich spiegele ihre Generalisierungen wider: *„Niemand hält Termine ein, jedes Projekt ist verspätet und immer ist es die Schuld Ihres Teams?“* Obwohl Alexandra zustimmt, erkennt sie nicht die Feinheiten des Feedbacks.

Ich erkläre: *„Generalisierungen vereinfachen komplexe Realitäten, was hilfreich sein kann, aber auch irreführend. Sie können zu Missverständnissen* *führen."* Alexandra verteidigt die Vereinfachung als notwendig für ihre Arbeit, übersieht jedoch die negativen Auswirkungen auf die Team-Moral und Leistung.

Ich lenke das Gespräch auf das von ihrem Chef ins Spiel gebrachte Feedback der Rechthaberei. Alexandras reflexhafte Zustimmung führt zur Erkenntnis, dass sie vor allem Pünktlichkeit und Vorbereitung durchsetzen will, Standards, die sie auch für sich selbst anlegt.

Um das Muster zu durchbrechen, gebe ich Alexandra eine Aufgabe: Sie soll die Pünktlichkeit und Vorbereitung ihrer Teammitglieder dokumentieren, um konkrete Daten anstelle von allgemeinen Eindrücken zu sammeln. Für die nächsten 3 Wochen, soll sie genau aufschreiben, wer, wie oft und wann zu spät gekommen ist.

Alexandra willigt skeptisch ein, diese Reflexionsübung zu machen. Die Sitzung endet mit der Vereinbarung, sich in drei Wochen wieder zu treffen, was die Basis für mögliche Erkenntnisse und Verbesserungen schafft.

Fortsetzung folgt…

GENERALISIERUNGEN

Learning Nugget

Alexandra neigt dazu, in ihrer Kommunikation häufig Generalisierungen zu verwenden, ohne sich dessen bewusst zu sein oder die möglichen Auswirkungen zu erkennen. Um ihr dabei zu helfen, dieses Verhalten selbst zu bemerken, hat sie eine konkrete Aufgabe erhalten. Ihr Denkstil bevorzugt es, eigene Einsichten und Erkenntnisse zu gewinnen, anstatt sie direkt von außen vermittelt zu bekommen. Deshalb ist die Aufgabe so gestaltet, dass sie sich durch eigene Reflexion und Beobachtung in ihrer Kommunikationsweise weiterentwickeln kann.

Generalisierungen in der Sprache können tiefgreifende Auswirkungen auf unser Verhalten und unsere Wahrnehmung haben. Sie entstehen, wenn wir komplexe Situationen oder individuelle Unterschiede in pauschale Aussagen zusammenfassen, wie etwa „immer", „nie", „alle" oder „niemand". Diese sprachlichen Muster können unseren Blick auf die Realität einschränken und die Art und Weise beeinflussen, wie wir die Welt und unsere Mitmenschen wahrnehmen. Ich habe Dir ein paar konkrete Auswirkungen beschrieben:

VERZERRTE WAHRNEHMUNG

Durch Generalisierungen neigen wir dazu, bestimmte Muster und Erfahrungen übermäßig zu betonen, während wir andere Aspekte ignorieren. Das kann dazu führen, dass wir eine verzerrte Sicht auf die Realität entwickeln. Zum Beispiel kann jemand, der oft sagt „Niemand schätzt meine Arbeit", übersehen, dass es durchaus Menschen gibt, die seine Arbeit wertschätzen. Diese verzerrte Wahrnehmung kann zu negativen Emotionen wie Frustration oder Resignation führen.

SCHWARZ-WEISS-DENKEN

Generalisierungen fördern oft eine Denkweise, die extreme Positionen einnimmt, ohne Raum für Zwischentöne zu lassen. Aussagen wie „Immer passiert mir das" oder „Alle sind gegen mich" lassen keine differenzierte Betrachtung zu und verengen den Blick. Dieses Schwarz-Weiß-Denken kann dazu führen, dass wir weniger flexibel auf Herausforderungen reagieren und uns schneller überfordert fühlen.

EINGESCHRÄNKTE PROBLEMLÖSUNG

Wenn wir Probleme durch generalisierte Aussagen beschreiben, fällt es uns schwerer, die eigentlichen Ursachen zu erkennen. Generalisierungen verdecken oft die Details und spezifischen Umstände, die wichtig wären, um eine effektive Lösung zu finden. Zum Beispiel könnte jemand, der sagt „Es klappt nie, wenn ich das mache" übersehen, dass es spezifische Situationen gibt, in denen es tatsächlich gut funktioniert hat.

SELBSTERFÜLLENDE PROPHEZEIUNGEN

Wenn wir generalisierte Überzeugungen oft wiederholen, beginnen wir, diese selbst zu glauben, und unser Verhalten passt sich diesen Überzeugungen an. Aussagen wie „Ich kann das nie richtig machen" können dazu führen, dass man Herausforderungen aus dem Weg geht, weil man bereits davon ausgeht, zu scheitern. Dadurch entgehen einem wertvolle Lernmöglichkeiten, und das negative Bild, das man von sich selbst hat, wird bestätigt.

KOMMUNIKATIONSPROBLEME

In der Interaktion mit anderen Menschen können Generalisierungen schnell als unberechtigte Kritik wahrgenommen werden. Wenn jemand sagt „Du machst das immer falsch", fühlt sich die angesprochene Person oft angegriffen und missverstanden, was zu Konflikten und einem gestörten

Vertrauensverhältnis führen kann. Generalisierte Aussagen lassen wenig Raum für konstruktive Gespräche, da sie auf Behauptungen statt auf konkreten Beobachtungen beruhen.

Insgesamt können Generalisierungen unser Denken und Verhalten stark beeinflussen, indem sie uns in starre Muster zwingen und unsere Flexibilität im Umgang mit der Realität einschränken. Sie verhindern eine differenzierte Auseinandersetzung mit unseren Erlebnissen und erschweren es, neue Perspektiven zu erkennen. Durch bewusste Reflexion und das Vermeiden von Generalisierungen kann man lernen, eine realistischere und offenere Sichtweise zu entwickeln, die zu einer besseren Kommunikation und effektiveren Problemlösung beiträgt.

Eine klare Dokumentation kann eine wertvolle Unterstützung sein, um den Einfluss von Generalisierungen zu reduzieren und deren negative Effekte besser zu verstehen. Durch die Dokumentation werden Informationen präzise festgehalten, wodurch differenziertere und detailliertere Betrachtungen möglich werden. Hier sind einige der wichtigsten Vorteile, wie eine klare Dokumentation bei der Arbeit mit Generalisierungen helfen kann:

AUFDECKUNG VON UNGENAUIGKEITEN

Durch die systematische Dokumentation von Beobachtungen, Erlebnissen oder Aussagen werden ungenaue oder pauschale Formulierungen sichtbar. Wenn man beispielsweise regelmäßig notiert, wann bestimmte Situationen eintreten („immer passiert mir das"), zeigt sich möglicherweise, dass das „immer" in Wahrheit nur selten vorkommt. Diese Erkenntnis hilft, den Unterschied zwischen dem subjektiven Gefühl und den tatsächlichen Gegebenheiten zu erkennen.

FÖRDERUNG EINES DIFFERENZIERTEN BLICKS

Eine detaillierte Dokumentation ermutigt dazu, konkrete Details zu erfassen, anstatt sich auf pauschale Aussagen zu stützen. Anstatt zu sagen „alle meine Projekte sind schwierig", könnte eine Dokumentation dazu anregen, spezifische Herausforderungen und Erfolge in den jeweiligen Projekten festzuhalten. So wird klarer, welche Projekte wirklich schwierig sind und welche möglicherweise besser verlaufen sind als ursprünglich wahrgenommen.

BESSERE REFLEXION DER EIGENEN DENKWEISE

Indem man sich bewusst Zeit nimmt, Erlebnisse und Gedanken festzuhalten, wird die eigene Denkweise greifbarer. Es wird einfacher, eigene Generalisierungen zu erkennen und zu hinterfragen. Eine Dokumentation kann ein Werkzeug sein, um festzustellen, wann man zu Verallgemeinerungen neigt und wie sich diese in der eigenen Sprache und den eigenen Überzeugungen ausdrücken.

NACHVOLLZIEHBARKEIT VON ENTWICKLUNGEN

Wenn man regelmäßig dokumentiert, lassen sich Veränderungen und Muster im eigenen Verhalten oder in bestimmten Situationen besser erkennen. So kann man beobachten, ob sich beispielsweise die Häufigkeit von Generalisierungen im Laufe der Zeit verringert oder ob es bestimmte Trigger gibt, die zu verallgemeinernden Aussagen führen. Diese Einsichten helfen, gezielte Maßnahmen zur Verbesserung zu ergreifen.

BEITRAG ZU EINER SACHLICHEN ANALYSE

Eine klare Dokumentation bringt Struktur und Objektivität in die Reflexion. Anstatt sich auf pauschale Aussagen wie „ich kann das nie“ zu verlassen, wird man angeregt, konkrete Beispiele zu notieren: „In dieser Situation hatte ich Schwierigkeiten, weil...“. So lassen sich individuelle Fälle analysieren, ohne in verallgemeinernde Denkmuster zu verfallen. Das hilft, sich auf konkrete Handlungsfelder zu konzentrieren und gezielt an Verbesserungen zu arbeiten.

UNTERSTÜTZUNG BEI FEEDBACK UND KOMMUNIKATION

Eine Dokumentation kann auch hilfreich sein, wenn es darum geht, Feedback zu geben oder zu erhalten. Sie erlaubt es, konkrete Beispiele und Situationen anzusprechen, anstatt in pauschalen Aussagen zu bleiben. So kann man differenziert darüber sprechen, was gut oder weniger gut funktioniert hat, und dadurch Missverständnisse reduzieren, die durch pauschale Aussagen entstehen könnten.

Zusammengefasst hilft eine klare Dokumentation dabei, Generalisierungen zu entlarven und zu relativieren, indem sie den Blick auf spezifische Details und konkrete Fakten lenkt. Sie unterstützt eine präzisere und realitätsnähere Wahrnehmung, die es erleichtert, differenzierte Schlussfolgerungen zu ziehen und unbewusste Denkmuster zu durchbrechen.

Bei logisch-analytischen Menschen ist eine direkte und klare Art der Kommunikation besonders vorteilhaft, da sie deren Denkweise und Bedürfnis nach Struktur, Präzision und Effizienz besser entspricht. Hier sind einige Gründe, warum diese Form der Kommunikation gerade bei ihnen sinnvoll ist:

EFFIZIENTE INFORMATIONSVERARBEITUNG

Logisch-analytische Menschen bevorzugen klare Fakten und präzise Aussagen. Sie neigen dazu, Informationen strukturiert und rational zu verarbeiten, weshalb eine direkte Kommunikation hilft, Missverständnisse zu vermeiden. Statt sich durch vage oder indirekte Aussagen hindurcharbeiten zu müssen, können sie sich auf die wesentlichen Informationen konzentrieren und diese schneller verarbeiten.

KLARHEIT UND NACHVOLLZIEHBARKEIT

Für analytisch denkende Personen ist es wichtig, dass Aussagen nachvollziehbar sind. Sie legen Wert darauf, Argumente und Gedankenketten logisch zu verstehen. Eine klare und direkte Sprache liefert ihnen die notwendigen Anhaltspunkte, um die Aussagen einzuordnen und logisch zu überprüfen. Das schafft Vertrauen und gibt ihnen das Gefühl, dass ihre Gesprächspartnerin oder ihr Gesprächspartner ihre Denkweise respektiert und berücksichtigt.

VERMEIDUNG VON MEHRDEUTIGKEIT

Mehrdeutige Aussagen oder Andeutungen können bei logisch-analytischen Menschen Verwirrung stiften, da sie dazu neigen, Dinge wortwörtlich zu nehmen und auf eine präzise Bedeutung zu achten. Eine direkte Kommunikation hilft, Missverständnisse zu reduzieren und dafür zu sorgen, dass die Botschaft eindeutig ankommt. So können sie sicherstellen, dass alle Beteiligten das Gleiche verstehen und sich auf eine gemeinsame Basis einigen.

FOKUSSIERUNG AUF DAS WESENTLICHE

Logisch-analytische Menschen neigen dazu, sich auf das Wesentliche zu konzentrieren und sehen oft wenig Sinn in langen Umschreibungen oder emotional aufgeladenen Botschaften. Eine direkte Kommunikation ermöglicht es, auf den Punkt zu kommen und sich auf die relevanten Fakten und Argumente zu konzentrieren. Dies führt zu einem zielgerichteten Austausch, bei dem es um Lösungen und klare Entscheidungen geht.

RATIONALE ARGUMENTATION UND ENTSCHEIDUNGSFINDUNG

Bei analytischen Menschen spielt die Logik in der Entscheidungsfindung eine große Rolle. Klare und direkte Kommunikation unterstützt diesen Prozess, da sie die relevanten Informationen ohne unnötige Ausschmückungen liefert. Wenn die Fakten auf den Tisch gelegt werden, können sie diese direkt analysieren, abwägen und zu fundierten Schlussfolgerungen kommen.

REDUKTION VON EMOTIONALEN MISSVERSTÄNDNISSEN

Da logisch-analytische Menschen tendenziell weniger emotional auf Aussagen reagieren, können indirekte oder subtile Formulierungen zu Irritationen führen. Sie bevorzugen eine sachliche Herangehensweise und können durch direkte Kommunikation besser verstehen, worum es geht, ohne sich in emotionalen Nuancen zu verlieren. Dies erleichtert ihnen die Konzentration auf den Inhalt des Gesprächs und nicht auf mögliche versteckte Botschaften.

Insgesamt ist eine direkte und klare Kommunikation für logisch-analytische Menschen besonders hilfreich, da sie deren bevorzugte Denkweise respektiert und eine effizientere, verständlichere und rationalere Interaktion ermöglicht. Es schafft eine Grundlage für eine transparente und offene Kommunikation, die für beide Seiten vorteilhaft ist.

GENERALISIERUNG IN DER FÜHRUNG

Hohe persönliche Standards sind wertvoll, aber es ist entscheidend, individuelle Unterschiede im Team zu erkennen und nicht zu verallgemeinern. Eine flexible Herangehensweise und Vertrauen in die individuellen Stärken der Teammitglieder können die Gesamtleistung und -moral deutlich verbessern. Durch diesen differenzierten Ansatz können Führungskräfte wie Alexandra ein unterstützenderes und effektiveres Arbeitsumfeld schaffen, das auf die speziellen Bedürfnisse der Teammitglieder eingeht und dadurch bessere Ergebnisse für ihre Projekte und Teams erzielt.

DIE „VON DER GENERALISIERUNG ZUR DIFFERENZIERUNG"-METHODE

Übung

ZIEL

Diese Übung hilft dabei, bewusst zu erkennen, wann wir verallgemeinern, und trainiert uns darin, differenzierter und bewusster über Menschen und Situationen zu denken. Sie ist einfach, praktisch und kann jederzeit angewendet werden.

SCHRITT-FÜR-SCHRITT-ANLEITUNG

Beobachte Deine Gedanken
Achte darauf, wenn Du in Gedanken oder Gesprächen Verallgemeinerungen verwendest. Diese Sätze beginnen oft mit „immer", „nie", „alle", oder „niemand".

Beispiel: „Immer vergisst mein Kollege wichtige Aufgaben."

Stopp und hinterfrage
Halte kurz inne und stelle Dir selbst die Frage: „Ist das wirklich immer so?" oder „Sind wirklich alle so?"

Beispiel: „Vergisst mein Kollege wirklich immer wichtige Aufgaben oder gab es auch Momente, in denen er zuverlässig war?"

Finde konkrete Beispiele
Denke an mindestens zwei Situationen, in denen Deine Verallgemeinerung nicht zutrifft.

Beispiel: „Gestern hat mein Kollege sich an den Abgabetermin gehalten, und letzte Woche hat er eine Aufgabe pünktlich erledigt."

Formuliere neu
Ersetze die Verallgemeinerung durch eine differenziertere Aussage.

Beispiel: Statt „Immer vergisst mein Kollege wichtige Aufgaben" könntest Du sagen: „Manchmal vergisst mein Kollege Aufgaben, aber es gibt auch Situationen, in denen er sehr zuverlässig ist."

Überlege den Nutzen:
Frage Dich, wie es sich anfühlt, differenzierter zu denken und welche Auswirkungen es auf Deine Wahrnehmung oder Dein Verhalten haben könnte. Beispiel: „Indem ich mich daran erinnere, dass mein Kollege oft auch zuverlässig ist, fühle ich mich weniger frustriert und kann konstruktiver mit ihm zusammenarbeiten."

Diese Übung hilft dabei, schnell von pauschalen Urteilen zu einem differenzierteren Blick zu wechseln. So können Missverständnisse vermieden und eine positivere, realistischere Einstellung gegenüber anderen entwickelt werden. Sie kann jederzeit angewendet werden – egal ob im Arbeitsalltag, im Familienleben oder in der Freizeit.

„ERSETZE IMMER & NIE" Pocket-Übung

ZIEL

Sofortige Bewusstmachung und Veränderung von verallgemeinertem Denken, um differenzierter und fairer zu urteilen.

SO GEHT'S

Fang Dich ein
Sobald Du Dich dabei ertappst, „immer", „nie", „alle" oder „keiner" zu denken oder zu sagen, mache eine kurze Pause.

Beispiel: „Immer kommt sie zu spät."

Stell Dir eine einfache Frage:
„Ist das wirklich immer so?"

Beispiel: „Kam sie wirklich jedes Mal zu spät?"

Finde eine Ausnahme
Denke an eine Situation, in der es anders war.

Beispiel: „Letzte Woche war sie pünktlich."

Formuliere um
Passe Deine Aussage an.

Beispiel: „Manchmal kommt sie zu spät, aber es gibt auch Tage, an denen sie pünktlich ist."

MERKE

Diese Übung passt in Deine Hosentasche, weil sie nur ein paar Sekunden dauert – sie kann jederzeit und überall durchgeführt werden!

„STOPP & SHIFT" Pocket-Übung

SITUATION

„Mein Chef unterbricht mich immer."

SO GEHT'S

Stopp & Atme
Wenn Du merkst, dass Du denkst „Mein Chef unterbricht mich immer", atme kurz tief ein und aus.

Shift die Aussage
Frage Dich: „War das wirklich jedes Mal so?"

Beispiel: „Gab es ein Gespräch, in dem er mich nicht unterbrochen hat?"

Finde eine Ausnahme
Denke an eine Situation, in der Dein Chef Dir zugehört hat.

Beispiel: „Letzte Woche hat er mir meine Idee zu Ende erklären lassen."

Neue Formulierung
„Oft unterbricht mich mein Chef, aber manchmal hört er auch zu.“

EFFEKT

Du bleibst ruhig und kannst die Situation differenzierter betrachten

PRÄZISIONSMODELL DER SPRACHE

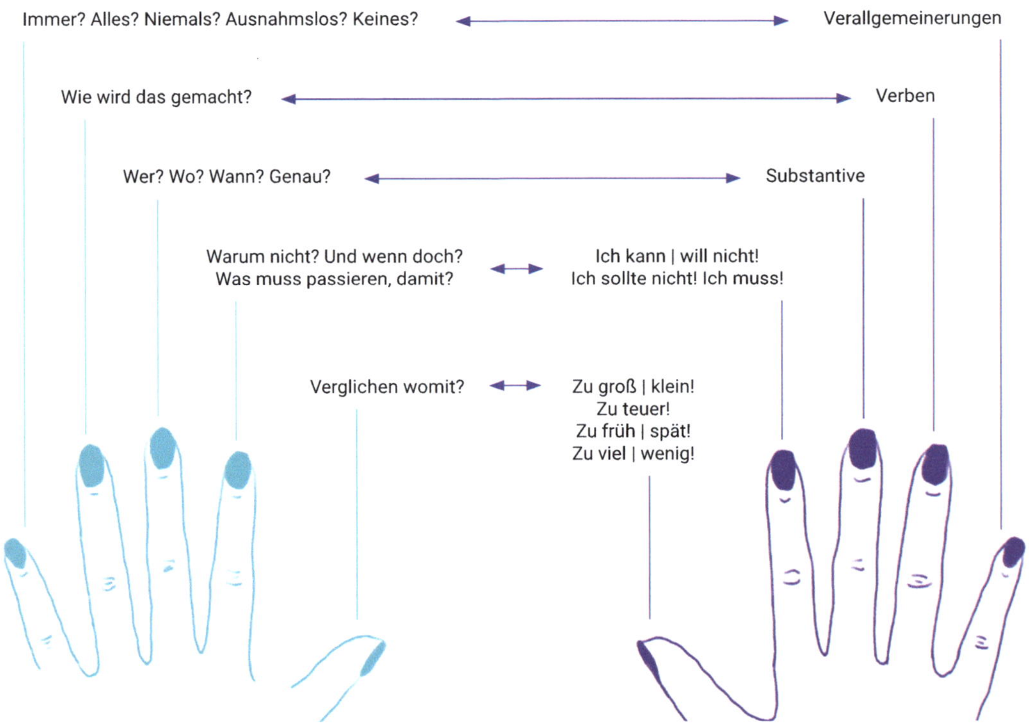

NOTIZEN

Session 18

Coaching Session 18

SIE HATTEN RECHT... 18

Alexandra kehrt nach einem Monat zurück zum Coaching. Voller Elan klappt sie ihren Laptop auf, sucht nach dem Beamer (den ich diesmal schon vorbereitet hatte) und beginnt direkt mit ihrer Hausaufgabe.

„Ich habe eine Excel-Tabelle für jeden meiner Mitarbeiter erstellt und sie nach den Kriterien Zeit und Qualität bewertet. Ich habe die Daten nach den Meilensteinen eingetragen. Das war diesen Monat einfach, da wir etwa 20 Meilensteine pro Projekt hatten. Also eine ganze Menge", sagt Alexandra. *„Wie Sie sehen können, hatten Sie recht. Es sind nicht alle Mitarbeiter und nicht alle Meilensteine und Projekte betroffen. Ich habe das Ampelsystem verwendet: Grün ist gut, Orange erfordert keine sofortige Reaktion, und Rot bedeutet, dass ich eingreifen muss. Wie Sie sehen können, gibt es bei drei*

Mitarbeitern überhaupt keine orangen oder roten Einträge. Bei der Mehrheit sind die Einträge orange, und nur bei zwei Mitarbeitern sind drei Projekte rot markiert."

„Ich war sehr erstaunt, als ich das sah. Mir wurde bewusst, was Sie gemeint haben. Es fühlte sich sofort leichter an. Was soll ich jetzt machen?", fragt Alexandra weiter.

„Zunächst einmal herzlichen Glückwunsch! Sie haben das großartig gemacht. Das ist ein wunderbares System, das Ihnen bei Ihrer Wahrnehmung hilft." Ich bemerke, wie schwer es Alexandra fällt, dieses Kompliment anzunehmen.

„Na ja, so außergewöhnlich ist das nun auch wieder nicht", sagt sie sofort.

„Was können wir tun?", wiederhole ich ihre Frage.

„Ich würde Ihnen gerne eine Präferenzanalyse vorstellen. So können wir die Unterschiede bei Ihren Mitarbeitern besprechen, sodass Sie in Ihrem Führungsstil flexibler werden, einverstanden?", frage ich Alexandra. Sie sagt sofort ja.

Bei logisch-analytischen Menschen wie Alexandra hilft es oft, eine wissenschaftlich fundierte, klare, gut strukturierte und nachvollziehbare Analyse zu machen. Dadurch erhalten sie ein System für unterschiedliche Wahrnehmungen und Denkstile. Sie brauchen ein Ziel, damit sie etwas machen und danach können sie dann für sich selbst entscheiden, ob das passend für sie ist oder nicht.

Für Alexandra ist es wichtig zu lernen, wie ihre direkte Art der Kommunikation auf andere Menschen wirkt. Die hohen Ansprüche, die sie an sich selbst stellt, verursachen großen Druck, den sie selbst oft nicht wahrnimmt, da sie nie gelernt hat, darauf zu achten. Sie neigt dazu, Konflikte und Unangenehmes zu rationalisieren, was dazu führt, dass sie in Konfliktsituationen immer mehr zu tun hat, da die Welt nicht schwarz und weiß ist – insbesondere nicht das Verhalten von Menschen.

Im ersten Schritt habe ich mit Alexandra ihre bevorzugten Verhaltens-, Kommunikations- und Führungsstile durch eine Präferenzanalyse dargestellt. Das war der erste Durchbruch. Sie erkannte sich selbst darin wieder und fand es äußerst hilfreich. Sie verstand, dass ihre Mitarbeiter anders denken und unterschiedliche Kommunikationsstile in der Führung benötigen. Das war der Wendepunkt für Alexandra.

Heute führt sie individueller, hat mehr Spaß und Freude an ihrer Führungsaufgabe und kann ihre großartigen Stärken weiterhin einbringen – ergänzt durch Empathie und Toleranz. Im Coaching arbeitet sie gerade an ihrer intuitiven Wahrnehmung und am Spüren. Das ist für sie manchmal eine Herausforderung, da sie sofort zur Analyse in den Kopf geht. Doch sie hat es akzeptiert, und das ist immer der erste Schritt zur Veränderung.

Außerdem hat Alexandra gelernt, dass sie nicht immer recht haben muss, um als kompetente Führungskraft wahrgenommen zu werden.

DENKPRÄFERENZEN

Learning Nugget

Jeder Mensch hat Denk- und Verhaltensweisen, die für ihn typisch sind und die er bevorzugt. Sie sind Ausdruck seiner Einmaligkeit und Voraussetzung für seine Autonomie. Diese bevorzugten Verhaltensweisen haben sich auf der Grundlage der angeborenen Eigenheiten, durch die Erziehung, durch die Ausbildung und soziale Umgebung entwickelt.

Denkpräferenzen beeinflussen jeden Aspekt unseres Lebens: wie wir kommunizieren, Entscheidungen treffen, Probleme lösen, führen, verkaufen, mit anderen umgehen und ob wir lieber im Team oder allein arbeiten. Jeder von uns erlebt die Welt aus seiner eigenen Perspektive, und aus dieser Perspektive hat jeder recht. Wenn wir es schaffen, weniger zu urteilen und weniger auf unser Recht zu bestehen, wird unser Zusammenleben und Arbeiten viel reicher und freudiger.

Durch das Verständnis und die Wertschätzung der unterschiedlichen Denkstile können wir harmonischere und produktivere Beziehungen aufbauen, die von Respekt und Empathie geprägt sind. Das ermöglicht eine Arbeitsumgebung, in der Vielfalt als Stärke gesehen wird und in der jeder seinen Platz findet.

Wenn wir unseren bevorzugten Denkstil begreifen, können wir uns und andere besser verstehen. Wir lernen, andere Sicht- und Denkweisen einzunehmen, unseren Stil anzupassen und emotional intelligent zu handeln. Die neuesten Erkenntnisse aus der Gehirnforschung zeigen, dass, wenn wir das tun, was wir gerne machen, wir erfolgreicher sind und uns öfter im sogenannten Flow-Zustand befinden.

In einer schnelllebigen und sich ständig verändernden Welt ist es umso wichtiger zu wissen, wo unsere Stärken und Talente liegen, damit wir unser volles Potenzial nutzen können.

DENKPRÄFERENZEN *Übung*

Lerne Deine bevorzugten Denkpräferenzen kennen (ich verwende das Neethling Brain Instrument). Diese Übung hilft Dir, Deine eigenen Denkstile zu erkennen und zu verstehen, wie Du diese im Arbeitsalltag nutzen und Herausforderungen meistern kannst.

Das Neethling Brain Instrument (NBI® PRÄFERENZPROFIL) ist ein Modell zur Beschreibung von Denkpräferenzen, das auf Erkenntnissen der Gehirnforschung basiert. Es wurde von Dr. Kobus Neethling entwickelt und teilt das Denken in vier Hauptquadranten ein, die jeweils zwei Unterdimensionen haben. Diese Quadranten und Dimensionen helfen zu verstehen, wie Menschen Informationen aufnehmen, verarbeiten und Entscheidungen treffen. Hier ist eine Übersicht über die vier Quadranten und ihre acht Dimensionen:

DIE VIER QUADRANTEN DES NBI® PRÄFERENZPROFIL:

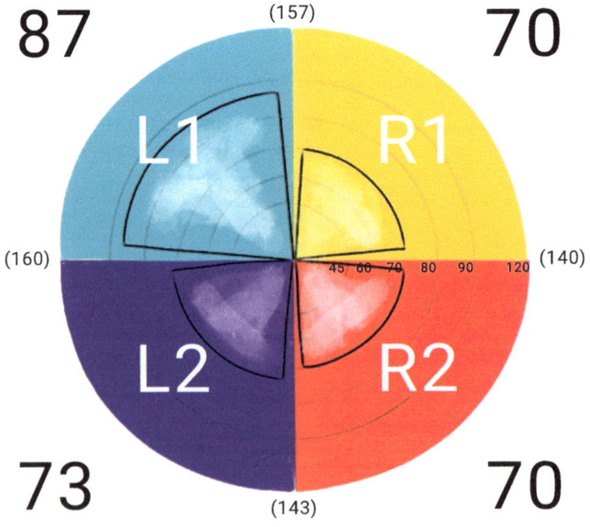

- **L1 – Analytisch (links oben)**
  Dieser Quadrant steht für analytisches, logisches und faktenbasiertes Denken.
  Menschen mit einer starken Präferenz für diesen Quadranten denken gerne in Zahlen und Daten, analysieren Situationen und arbeiten methodisch.
  Sie bevorzugen rationale Argumente und setzen sich gerne mit komplexen Problemlösungen auseinander.

- **L2 – Strukturiert (links unten)**
  Dieser Quadrant beschreibt das organisierte, planende und strukturierte Denken.
  Menschen mit dieser Präferenz mögen es, Abläufe und Prozesse zu optimieren und bevorzugen eine systematische Herangehensweise.
  Sie legen Wert auf Ordnung, Regeln und schätzen es, Zeitpläne und Aufgabenlisten zu erstellen.

- **R1 – Visionär (rechts oben)**
  Dieser Quadrant repräsentiert das konzeptionelle, visionäre und kreative Denken.
  Menschen, die diesen Quadranten bevorzugen, sind oft zukunftsorientiert und können sich neue Ideen und Konzepte vorstellen.
  Sie haben eine starke Vorstellungskraft und denken gerne in „großen Bildern", ohne sich an Details aufzuhalten.

- **R2 – Zwischenmenschlich (rechts unten)**
  Dieser Quadrant steht für das gefühlsbetonte, zwischenmenschliche und emphatische Denken.
  Menschen mit einer Präferenz für diesen Quadranten legen großen Wert auf Beziehungen und Teamarbeit.
  Sie sind gut darin, sich in andere hineinzuversetzen und fördern ein harmonisches Arbeitsumfeld.

DIE ACHT DIMENSIONEN DES NBI® PRÄFERENZPROFIL

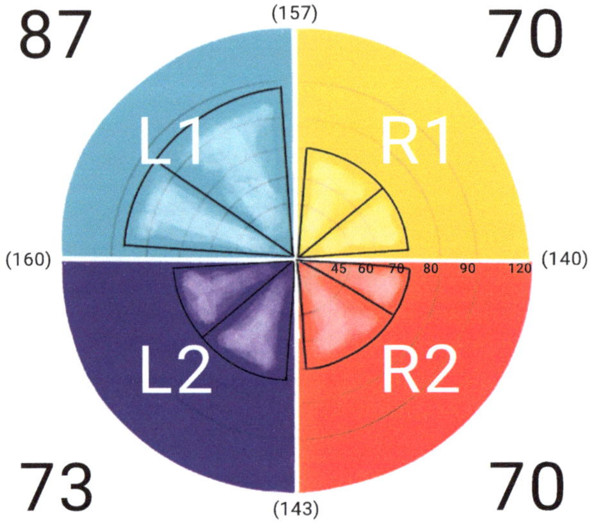

Jeder Quadrant ist in zwei spezifische Denkstile unterteilt, die jeweils eine besondere Art des Denkens beschreiben:

- **L1a – Analytisch:**
  Bezieht sich auf das Verständnis und die Analyse von Zahlen, Daten und Fakten. Menschen mit dieser Präferenz bevorzugen Logik und Beweisführung.

- **L1b – Kritisch:**
  Steht für kritisches und problemlösungsorientiertes Denken.
  Diese Personen hinterfragen gerne und haben eine Vorliebe für tiefe Analysen und das Aufdecken von Schwächen in Argumenten.

- **L2a – Strukturiert:**
  Bezieht sich auf Ordnung und Organisation.
  Menschen mit dieser Präferenz planen gerne und haben einen Sinn für Struktur und Details.

- **L2b – Konservativ:**
  Steht für traditionsbewusstes und regelgeleitetes Denken.
  Diese Personen schätzen Stabilität, Sicherheit und bewährte Methoden.

- **R1a – Innovativ:**
  Beschreibt kreatives, originelles und erfinderisches Denken. Menschen mit dieser Präferenz bringen oft unkonventionelle Ideen ein und denken „outside the box".

- **R1b – Strategisch:**
  Bezieht sich auf visionäres und zukunftsorientiertes Denken. Diese Personen können über den Tellerrand hinausschauen und entwickeln gerne langfristige Strategien.

- **R2a – Empathisch:**
  Steht für einfühlsames und mitfühlendes Denken. Menschen mit dieser Präferenz sind sensibel für die Gefühle anderer und legen Wert auf positive zwischenmenschliche Beziehungen.

- **R2b – Kooperativ:**
  Bezieht sich auf teamorientiertes und gemeinschaftliches Denken. Diese Personen arbeiten gerne in Teams, schätzen Zusammenarbeit und fördern eine freundliche und offene Arbeitsatmosphäre.

ZUSAMMENFASSUNG

L1 (analytisch) und L2 (strukturiert) beschreiben die linke Gehirnhälfte, die sich durch logisches und detailorientiertes Denken auszeichnet.

R1 (visionär) und R2 (zwischenmenschlich) charakterisieren die rechte Gehirnhälfte, die durch Kreativität, ganzheitliches Denken und emotionale Intelligenz geprägt ist.

Jede Person hat eine individuelle Mischung dieser Denkstile, die sie in ihrem Denken und Handeln beeinflusst. Das NBI® PRÄFERENZPROFIL kann helfen, diese Präferenzen besser zu verstehen und sowohl persönliche als auch berufliche Potenziale zu erkennen.

Du kannst das Profil entweder **direkt auf meiner Homepage www.hac.at** erstellen oder die Beschreibung nutzen, um Dich selbst einzuschätzen. Wichtig dabei ist, dass Du weder Deinen eigenen Denkstil noch den Deiner Mitarbeiter bewertest, wenn diese von Deinem abweichen – und das ist oft der Fall. Der große Vorteil des Tools liegt darin, dass es Dich dazu anleitet, Deinen bevorzugten Denkstil als wertvoll zu erkennen und die Unterschiede innerhalb deines Teams bewusst für mehr Erfolg und bessere Ergebnisse zu nutzen. Gelingt dies, wird die Zusammenarbeit spürbar leichter und effektiver.

Darüber hinaus ist das Wissen um die eigenen Stärken und Talente eine zentrale Säule der Resilienz. Wenn du Deine Stärken kennst und weißt, worauf du Dich bei Dir selbst verlassen kannst, gewinnst Du Kontrolle über Herausforderungen. Das ist das Prinzip der Selbstwirksamkeit, das aus meiner Sicht die wichtigste Säule der Resilienz darstellt, da darauf alle weiteren Aspekte aufbauen.

Selbstwirksamkeit bedeutet das Vertrauen in die eigenen Fähigkeiten, Herausforderungen aus eigener Kraft zu bewältigen. Menschen mit hoher Selbstwirksamkeit sind überzeugt, dass sie durch ihre eigenen Handlungen und ihr Verhalten Einfluss auf ihre Umwelt nehmen können. Dieses Vertrauen fördert die Fähigkeit, auch schwierige Situationen erfolgreich zu meistern, und stärkt das Durchhaltevermögen, selbst bei Rückschlägen. In der Zusammenarbeit ermöglicht die Selbstwirksamkeit, sich aktiv in Problemlösungen einzubringen und gleichzeitig die unterschiedlichen Denkstile und Talente im Team konstruktiv zu nutzen.

Mit einem klaren Bewusstsein für die eigene Selbstwirksamkeit lassen sich nicht nur Herausforderungen besser meistern, sondern auch die Dynamik im Team gezielt stärken.

NOTIZEN

Session 19

Coaching Session 19

WIE AUS EINER SCHWÄCHE EIN SIEG WURDE... 19

Es geht heiß her im Seminarraum. Die Wände sind mit vollgeschriebenen Flipcharts überladen. Das Management-Team ist nervös und wartet auf den neuen Vorstand.

Wie jedes Jahr trifft sich zu Beginn des Jahres das Managementteam, um die vom Vorstand ausgegebene Vision in konkrete Ziele herunterzubrechen. Das hat den Vorteil, dass dies bis auf Mitarbeiterebene erfolgt, sodass jeder Einzelne weiß, was sein Beitrag zur Erreichung der Vorstandsvision ist. Ein fest verankertes Konzept bei meinem Kunden, das ich seit mehreren Jahren als Moderatorin begleite. Die Gestaltung des Workshops ist aufwendig, da sowohl die Inhalte als auch die Formulierung der Ziele genau sein sollen. Außerdem sollen die Teilnehmer jedes Jahr eine neue erlebnisorientierte

Aufgabe zu den Visionen bekommen. Das macht es für mich in der Vorbereitung sehr spannend, da ich mir jedes Jahr neue Übungen und Konzepte überlegen kann. Mein visionärer und strategischer Part erfreut sich daran.

Dieses Jahr ist es besonders, da der Vorstand gewechselt hat und jeder Einzelne im Managementteam die Veranstaltung dazu nutzt, sich selbst und seinen Bereich zu positionieren. Das gesamte Team besteht aus fünf Personen, vier Männern und einer Frau. Gemeinsam mit mir sind es zwei Frauen. Vier Alpha-Männer, die wissen, was sie können und die schon seit Jahren in ihren Positionen sind, und zwei, die sich ebenfalls auf die Position des Vorstandes beworben haben. Eine brisante Zusammensetzung also. Ich kenne alle fünf, da ich die Workshops schon seit Jahren moderiere. Durch die neuen Rahmenbedingungen haben sich neue Konstellationen gebildet. Die zwei Bewerber für die Vorstandsposition verbindet eine gemeinsame Geschichte: dass sie nicht ausgewählt wurden. Sie haben zwei sehr wesentliche Bereiche im Unternehmen inne. Der eine hat die Businesskunden und der andere die Privatkunden. Die Dame ist für Finanzen, Einkauf und Personal zuständig. Eine willensstarke, leistungsorientierte und disziplinierte Person, die sehr strategisch denkt und nicht so sehr im Mittelpunkt stehen muss, jedoch weiß sie ebenso gut wie die Männer, was sie will, jedoch leiser und nicht so sichtbar. Einer der anderen Männer ist für die IT zuständig, ein absolut wichtiger Bereich, da eine der Vorstands-Visionen explizit die Digitalisierung im Unternehmen ist. Der vierte Mann ist für die gesamte Technik und Produktion verantwortlich. Ein Novum ist ebenfalls, dass der CEO (Chief Executive Officer) nicht aus den eigenen Reihen stammt, sondern extern vom Markt kommt.

„Was meinst du, Sebastian, wie wird er sich schlagen?", fragt Franz der zuständige Bereichsleiter für das Business-Kunden-Segment seinen Kollegen für Privatkunden. *„Na ja, er kommt von einem großen Konzern und da herrschen andere Spielregeln"*, antwortet Sebastian.

Ich spüre, dass alle der Anwesenden zunächst einmal über die neuen Rahmenbedingungen sprechen wollen, bevor wir mit der Formulierung der konkreten Individual- und Bereichsziele beginnen. Besonders bei Franz und Sebastian merke ich, dass der CEO-Wechsel nicht gut aufgenommen wurde. Franz ist davon überzeugt, dass es eine Fehlentscheidung des Aufsichtsrates ist, und Sebastian nimmt es persönlich. Er ist in seinem Tun und Wirken verunsichert, da er die Stelle nicht bekommen hat.

Irene schaut sich alles immer gerne aus der zweiten Reihe an, so auch diesmal. Sie hält sich mit Äußerungen zum neuen CEO zurück und Gerhard, der IT-Bereichsleiter, ist voll motiviert, da er endlich die Wichtigkeit seines

Bereichs verdeutlichen kann. Thomas, der Technik- und Produktionsbereichsleiter, ist neutral, da er nicht weiß, wie der neue CEO tickt.

„Was ist, wenn wir zunächst einmal über die neuen Rahmenbedingungen sprechen?“, schlage ich vor. *„Ich würde Euch bitten, alles, was sich für Euch geändert hat, aufzuschreiben und dann in der Runde zu präsentieren. Dazu habt Ihr ca. 30 Minuten Zeit. Die Aufgabe ist eine Individualaufgabe“*, sage ich.

Ich merke, dass die Teilnehmer das nicht wollen, übergehe es und verlasse den Raum. In so einer Situation ist es erfahrungsgemäß sinnvoll, auf die Störung einzugehen. In diesem Fall ist es der neue externe CEO, eine neue Situation für das Managementteam. Um im Workshop voranzukommen, adressiere ich die Veränderung, lasse es jedoch auf emotionaler Ebene offen, da dies nur für ein Einzelcoaching sinnvoll ist und nicht in dieser Runde.

Nach 30 Minuten komme ich wieder in den Raum und gehe nicht auf die Präsentationen ein, sondern beginne mit der Agenda für den heutigen Tag.

Am Nachmittag kommt das erste Mal der neue CEO zur Runde dazu, um nochmals mit seinem Managementteam über seine Visionen und die Überlegungen zu den Zielen, die sich die Bereichsleiter bis zu dieser Zeit gemacht haben, zu diskutieren.

Der neue CEO, Andreas, betritt den Raum und seine positive Ausstrahlung ist sofort spürbar. Er begrüßt die einzelnen Personen persönlich und mit Handschlag und startet mit Fragen.

„Wie geht es euch mit einem neuen externen CEO?“ Er spricht damit den problematischen Punkt direkt an. Spannend, finde ich. Ich beobachte das Managementteam und bemerke Erstaunen und teilweise Verwunderung. Zunächst sagt niemand etwas. Schweigen in der Runde. All das, was am Vormittag gesagt wurde, bleibt jetzt ungesagt.

Franz, der Bereichsleiter für das Business-Kunden-Segment, startet. *„Ich bin etwas erstaunt, dass der Aufsichtsrat sich für einen externen Kandidaten entschieden hat, der noch dazu aus einem Konzern kommt“*, sagt er direkt und blickt den CEO dabei direkt an. Dieser nickt ihm zu und antwortet ganz ruhig und sachlich: *„Das nehme ich jetzt mal nicht persönlich.“* Er schaut Franz an und spricht weiter: *„Ich war auch schon einmal in einer ähnlichen Situation wie Du. Ich habe mich bei meinem alten Arbeitgeber für den nächsten Karriereschritt beworben und es wurde ein anderer Kollege in einem Hearing ausgewählt. Ich war monatelang sauer und tief getroffen, dass sie mich übergangen haben. Es hat mich viel Kraft und Energie gekostet,* *da ich so lange nicht akzeptieren konnte, dass sich mein damaliger Chef aus meiner Wahrnehmung nicht genug für mich eingesetzt hat. Das war eine sehr anstrengende und belastende Zeit. Für meine Mitarbeiter, für meine Familie und für mich selbst. Wenn ich damals schon gewusst hätte, was ich heute weiß in Bezug auf Resilienz, Eigenverantwortung und Akzeptanz, wäre es um vieles leichter gewesen. Doch wahrscheinlich habe ich genau diese Erfahrung gebraucht, um heute da zu sein, wo ich jetzt bin. Nämlich CEO von einem so bekannten und interessanten Mittelstandsunternehmen, das durch Euch das ist, was es jetzt ist und wo wir ab jetzt neue gemeinsame Wege gehen werden. Gemeinsam. Mein Angebot steht."*

Wow, das nenne ich mal Charisma, Storytelling und klare Positionierung. Indem Andreas über sich selbst spricht und seine eigenen Erfahrungen teilt, spricht er ebenso die Situation von Franz und Sebastian an, ohne in einen Konflikt zu geraten. Er sagt jedoch auch klar, dass er der Richtige für die Position ist. Punkt.

Die Reaktionen der anderen haben sich schlagartig geändert. Man spürt im Raum eine neue Stimmung. Jetzt kann der Workshop beginnen.

Und ich denke, der Satz „Das nehme ich mal nicht persönlich" sowie Offenheit und das Eingestehen der eigenen Schwäche sind für mich ab sofort ein Role Model für einen Leader.

VERLETZLICHKEIT ALS STÄRKE

Learning Nugget

STORYTELLING

Andreas nutzt seine persönliche Geschichte, um eine Verbindung zu seinen Teammitgliedern herzustellen und ihre Situation zu reflektieren, ohne Konflikte zu erzeugen. Storytelling kann ein mächtiges Werkzeug sein, um komplexe Emotionen und Situationen auf eine zugängliche und menschliche Weise zu vermitteln.

EINE VERMEINTLICHE NIEDERLAGE WIRD ZUM SIEG

Andreas' eigene Erfahrung, eine wichtige Position nicht bekommen zu haben und die daraus resultierende schwierige Zeit, hat ihn stärker gemacht und letztlich auf seine jetzige Rolle vorbereitet. Dies zeigt, wie vermeintliche Rückschläge einen wichtigen Beitrag zur persönlichen Entwicklung leisten können.

DER SATZ „DAS NEHME ICH MAL NICHT PERSÖNLICH"

Dieser Satz zeigt Andreas´ Fähigkeit, Kritik und herausfordernde Situationen mit Gelassenheit und Professionalität zu begegnen. Es ist ein Ausdruck von emotionaler Intelligenz und Resilienz, der für jeden Leader von großem Wert ist.

AUTHENTISCHES EINGESTÄNDNIS VON SCHWÄCHEN

Das offene Eingeständnis einer Niederlage und Schwäche durch einen CEO hat dazu geführt, dass er zwar angreifbarer wurde, gleichzeitig aber auch Mut gemacht hat, indem er gezeigt hat, dass es nach einer Niederlage eine positive Weiterentwicklung geben kann. Andreas machte daraufhin einen bedeutenden Karriereschritt, was den beiden anderen Bewerbern, die die Position nicht erhielten, indirekt Hoffnung gab. Diese Strategie, geprägt von Authentizität, machte ihn sehr sympathisch und half, das Eis zu brechen.

MENTALE STÄRKE IM UMGANG MIT RÜCKSCHLÄGEN

Übung

STORYTELLING

Denke an eine schwierige Situation, die Du in deinem Leben gemeistert hast.

Schreibe diese Erfahrung in Form einer kurzen Geschichte auf (maximal eine Seite). Fokussiere Dich darauf, was Du aus dieser Situation gelernt hast und wie es Deine Sichtweise verändert hat. Teile die Geschichte mit einer vertrauten Person und achte darauf, wie sie darauf reagiert. Ziel ist es, zu üben, wie man durch eigene Erfahrungen Verbindungen zu anderen herstellt.

EINE VERMEINTLICHE NIEDERLAGE WIRD ZUM SIEG

Wähle eine Erfahrung aus, die sich für Dich zunächst wie ein Rückschlag angefühlt hat.
Schreibe auf, was damals passiert ist und wie Du Dich gefühlt hast. Reflektiere dann, welche positiven Veränderungen oder Erkenntnisse aus dieser Situation entstanden sind. Notiere drei Fähigkeiten oder Stärken, die Du durch diese Erfahrung entwickelt hast. Dies hilft, Rückschläge in einem neuen Licht zu sehen.

DER SATZ „DAS NEHME ICH MAL NICHT PERSÖNLICH"

Nimm Dir eine Woche Zeit, um bewusst auf Situationen zu achten, in denen Du Dich persönlich angegriffen oder kritisiert fühlst.

Jedes Mal, wenn dies passiert, sage Dir innerlich: „Das nehme ich mal nicht persönlich." Reflektiere am Ende der Woche: Welche Situationen hast Du dadurch entspannter erlebt? Hast Du bemerkt, dass Du dadurch gelassener reagieren konntest? Diese Übung stärkt die Fähigkeit, Emotionen zu regulieren und professionell zu reagieren.

AUTHENTISCHES EINGESTÄNDNIS VON SCHWÄCHEN

Überlege Dir eine Schwäche oder einen Fehler, den Du in der Vergangenheit gemacht hast und der Dich immer wieder beschäftigt.

Erzähle einem vertrauten Kollegen oder Freund von dieser Erfahrung und davon, was Du daraus gelernt hast. Achte darauf, wie es sich anfühlt, darüber offen zu sprechen. Reflektiere anschließend, ob diese Offenheit den Austausch positiv beeinflusst hat und ob Du Dich dadurch gestärkt fühlst.

Diese Übungen sollen Dir helfen, Selbstreflexion und emotionale Intelligenz im Alltag zu fördern und die eigenen Erfahrungen konstruktiv zu nutzen.

NOTIZEN

Session 20

Coaching Session 20

UND BITTE MIT LÖSUNG! 20

Anke und ihr Team haben mich für ein Teamcoaching gebucht. Wir haben im Vorfeld mit allen eine individuelle Standortbestimmung durchgeführt und anschließend ein Teamprofil erstellt. Das Teamprofil zeichnet sich durch eine ausgeprägte logisch-analytische, kritische und zielorientierte Denkweise aus. Diese Art zu denken hat einen sehr großen Stellenwert im Team. Vorhandenes wird hinterfragt, kritisch analysiert und dabei Schritt für Schritt vorgegangen, oft sehr ins Detail gehend. Das Team ist stark in der direkten Kommunikation und zeigt Probleme sowohl im Team als auch in der Zusammenarbeit mit anderen Abteilungen auf. Auch bei den Einzelgesprächen lag der Hauptfokus vieler Teammitglieder darauf, was nicht funktioniert, und das wurde nach und nach und im Detail erläutert.

Anke selbst hat ein ergänzendes Denkprofil. Sie geht stark in die Lösung und dabei in die Zukunft mit einer ausgeprägten visionären Denkweise. Sie kommuniziert am liebsten persönlich und wertschätzend, und die Stimmung im Team ist für sie sehr wichtig und wesentlich. Der Blick auf das Nichtvorhandensein von Lösungen fällt Anke schwer ebenso wie eine direkte und problemorientierte Kommunikation. Sie findet, dass das ständige Aufzeigen von Problemen immer mehr als Angriff auf ihren Führungsstil wirkt und reagiert dementsprechend. Sie zieht sich zurück, ist weniger begeisternd und hält sich mit ihren neuen Ideen und Vorschlägen bedeckt. Von zwei Teammitgliedern fühlt sie sich ständig provoziert und vermeidet, wenn möglich, die Kommunikation. Teammeetings hat sie eingestellt und sie führt nur noch ab und zu Zweiergespräche. Das fällt ihr sehr schwer, da sie aufgrund ihres Denk- und Verhaltensstils am liebsten gemeinsam mit ihrem Team an neuen Aufgaben und Lösungen arbeitet. Sie ist dann besonders kreativ und die Lösungen kommen bei ihr durch den Austausch mit anderen.

Im Vorgespräch habe ich mit ihr ihr Profil besprochen und sie hat sich darin vollständig wiedergefunden. Danach haben wir auch das Teamprofil und die Einzelprofile ihres Teams besprochen.

„Jetzt wird mir einiges klar“, sagt sie. *„Jetzt verstehe ich besser, warum ich manchmal das Gefühl habe, ständig mit problemorientierten Menschen zu reden.“* Der Grund, warum wir dieses Teamcoaching machen, ist, dass der von Anke ausgegebene Satz „Jeder kann zu mir kommen, aufzeigen, was nicht funktioniert und bitte dann mit einem konkreten Lösungsvorschlag“ im Team Verwirrung verursacht. Das Team versteht die Welt nicht mehr, da das Aufzeigen der nicht idealen Arbeitsprozesse, der nicht gut durchdachten Zeitpläne und der schwierigen Zusammenarbeit mit der Marketingabteilung für sie bereits die Lösung ist.

Zwei Welten von Denk- und Verhaltensweisen prallen aufeinander. Im Teamcoaching soll es gelingen, mehr Verständnis für die andere Denkweise zu etablieren und damit weniger Konflikte zu haben. Die Teammitglieder untereinander haben weniger Konflikte, da sie in ihrem Denken sehr ähnlich sind.

Rainer, ein langjähriger Mitarbeiter im Unternehmen, bereitet Anke die meisten Kopfschmerzen. Er ist der kritischste von allen. Außerdem ist er ein starker Anführer, da er am längsten von allen im Unternehmen ist, die Spielregeln, die anderen Abteilungen und die informellen Anführer am besten kennt. Das macht er sich auch zunutze. Ein „Name dropper“, meint Anke. Er weiß alles und kennt jeden und damit beeinflusst er die Stimmung im Team, meist negativ, sagt Anke genervt und müde. Jedem neuen Vorschlag von ihr kommen von Rainer mindestens drei Gegenvorschläge, warum es im Unternehmen nicht funktioniert. *„Das hat vielleicht bei deinen alten Arbeitgebern funktioniert, bei uns jedoch nicht"*, sagt er dann immer. Anke ist so weit, sich von Rainer zu trennen, damit Ruhe im Team herrscht. Das ist auch eine Möglichkeit, aus systemischer Sicht gar nicht mal so schlecht. Wenn ein Teil im System verändert wird, dann verändert sich naturgemäß das ganze System.

„Ich werde den Teamworkshop abwarten und dann meine Entscheidung treffen", sagt sie bestimmt und ich spüre, dass es ihr ernst ist mit der Entscheidung, auch wenn es mit vielen unangenehmen Dingen verbunden ist, wie Anke weiß.

Im Teamworkshop machen wir unterschiedliche Übungen zu den einzelnen Verhaltens- und Denkweisen und vereinbaren gleich zu Beginn folgende Spielregel: Jeder andersartige Denkstil ist herzlich willkommen und wird ohne Wertung aufgenommen. Sollte sich jemand nicht daranhalten, dann hat er oder sie am Abend eine Runde zu zahlen. Spielerisch wird es unterschrieben und alle sind damit einverstanden. Bei den Übungen, die nichts mit dem Job zu tun haben, wird dem Team von Anke klar, wie wichtig es ist, eine Führungskraft zu haben, die neue und kreative Ideen hat. In der Umsetzung ist das Team gut eingespielt, jedoch haben sie keine eigenen Ideen. Auch die unterschiedliche Kommunikation wird allen bewusst. Die wertschätzende und lobende Kommunikation von Anke hilft in kritischen Momenten, dranzubleiben und durchzuhalten. Auf spielerische Art und Weise reflektieren wir die Übungen und dann das Teamprofil. Ich kann sehen, dass es in den meisten Gesichtern der Teammitglieder ein großes Aha-Erlebnis gegeben hat. Sie erkennen tatsächlich die Unterschiede und warum Anke die Kommunikation teilweise eingestellt hat.

Rainer ist auf einmal nicht mehr im Mittelpunkt und mit seiner kritischen Sichtweise teilweise allein. Da er die Aufgaben der Spiele zunächst genauso kritisch hinterfragt oder sogar boykottiert, beginnen sich die anderen zu ärgern. Sie wollen die Spiele spielen. Er versucht immer wieder mit mir zu diskutieren und die Übungen kritisch zu hinterfragen, jedoch gehe ich nicht darauf ein.

Die Stimmung ist gut, bis auf Rainer, und wir beginnen mit der Übung Eigen- und Fremdbild. Ich lasse nur positives Feedback zu, da es für die Stimmung im Team einmal wichtig ist, die Unterschiede zu feiern. Im Vorfeld habe ich schon mit Anke besprochen, dass sie gemeinsam mit Rainer in die Übung geht und ihm in einem Zweiergespräch einmal positives Feedback gibt. Sie bedankt sich für die vielen Informationen, die er zur Verfügung stellt.

In der offenen Runde wird dann schnell klar, dass das Team eine einzigartige Chance hat, da es ein sogenanntes „Whole Brain Team“ ist. Es gibt im Team Menschen, die neue Ideen haben, dann wieder Menschen, die diese kritisch hinterfragen, die anderen setzen gerne bis ins Detail um und die anderen sind gut in der Kommunikation mit anderen Abteilungen. Jeder Einzelne und seine Fähigkeiten werden gebraucht, um eine gute Performance im Team hinzubekommen. Jeder bekommt eine Rolle im Team anhand der bevorzugten Fähigkeiten. Rainer ist der Realist, ein anderer der Stratege, eine die Empathikerin.

Am Ende des Tages wird noch ein sogenannter Vertrag unterschrieben: „Wir denken in Lösungen und schätzen unsere Andersartigkeit.“

Alle unterschreiben, und zum ersten Mal hat Anke das Gefühl, in die gleiche Richtung wie ihr Team zu blicken. Ein paar Wochen nach dem Teamworkshop kommt Anke erneut zu mir in eine Coaching-Session. Sie wirkt positiver und ausgeglichener. *„Wie geht es dir? Was hat sich seit dem Teamworkshop verändert?“*, frage ich. *„Es ist einfacher geworden“*, antwortet sie. *„Durch das Aufzeigen der Unterschiede fällt es mir leichter, kritisches Feedback anzunehmen. Natürlich sind wir noch nicht da, wo ich hinmöchte“*, fügt Anke hinzu. *„Das Nutzen der unterschiedlichen Herangehensweisen ist gerade in stressigen Zeiten immer wieder eine Herausforderung – sowohl für mich persönlich als auch für die anderen im Team. Aber wir haben unser Teamprofil auf A3 ausgedruckt und es gut sichtbar im Besprechungsraum aufgehängt. Immer, wenn wir merken, dass Spannungen in der Luft liegen, gehen wir dorthin. Dann sprechen wir bewusst wie im Workshop über die verschiedenen Stärken. Manchmal gelingt es besser, manchmal weniger. Aber es ist ein Prozess, und alle wollen diese Art der Zusammenarbeit. Das erleichtert es für mich ungemein und ermöglicht es mir, viel zu bewegen“*, sagt Anke.

Übrigens, Rainer ist noch heute im Team.

ZUSAMMENARBEIT IM TEAM

Learning Nugget

Um die Zusammenarbeit und Kommunikation in Teams zu fördern, gibt es verschiedene Ansätze, die nachhaltige Verbesserungen bewirken können.

Ein wichtiger Aspekt ist das Verständnis für unterschiedliche Denkweisen. Eine Übung, die dabei hilft, besteht darin, dass jedes Teammitglied eine Situation beschreibt, in der eine andere Herangehensweise hilfreich war. Dies ermöglicht es den Teammitgliedern, voneinander zu lernen und neue Perspektiven zu gewinnen.

Ebenso ist positives Feedback ein wertvolles Instrument, um die Zusammenarbeit zu stärken. Indem jedes Teammitglied einem anderen spezifisches und konstruktives Feedback gibt, werden Anerkennung und Wertschätzung gefördert. Dies trägt zu einer positiven Teamdynamik bei und motiviert die Beteiligten.

Ein weiterer Schlüssel zu einer erfolgreichen Teamarbeit ist die konstruktive Kommunikation. In Rollenspielen können Konfliktsituationen simuliert werden, um den Umgang mit schwierigen Gesprächen zu üben. Diese Übungen ermöglichen es den Teilnehmern, Kommunikationsstrategien zu entwickeln, die auf gegenseitigem Respekt und einer lösungsorientierten Haltung basieren.

Auch der Teamzusammenhalt kann durch gemeinsames Arbeiten an Aufgaben gestärkt werden, bei denen die individuellen Stärken jedes Teammitglieds gezielt genutzt werden. Solche Aktivitäten zeigen auf, wie wertvoll die unterschiedlichen Fähigkeiten in einem Team sind und fördern das Zusammengehörigkeitsgefühl.

Ein schriftlicher Vertrag zur Zusammenarbeit, in dem sich alle Teammitglieder verpflichten, lösungsorientiert zu denken und die Vielfalt im Team zu schätzen, kann die gemeinsame Verantwortung betonen und die langfristige Umsetzung dieser Prinzipien unterstützen.

Durch diese Ansätze lässt sich die Teamarbeit nicht nur kurzfristig, sondern nachhaltig verbessern.

KOMMUNIKATIONS-MODELL VON SCHULZ VON THUN

Übung

KURZE ERKLÄRUNG DES KOMMUNIKATIONSMODELLS VON SCHULZ VON THUN:

Das Kommunikationsmodell von Friedemann Schulz von Thun besagt, dass jede Nachricht vier verschiedene Ebenen enthält: den Sachinhalt, die Selbstoffenbarung, den Beziehungsaspekt und den Appell. Diese Ebenen sind auch als „Vier-Ohren-Modell" bekannt:

- **Sachinhalt:**
  Hier geht es um die reine Information, also das, was gesagt wird.
- **Selbstoffenbarung:**
  Der Sender gibt etwas von sich selbst preis, beispielsweise Gefühle oder Einstellungen.
- **Beziehungsebene:**
  Sie zeigt, wie der Sender zum Empfänger steht und wie er die Beziehung einschätzt.
- **Appell:**
  Dieser Teil der Nachricht enthält eine Aufforderung oder einen Wunsch, was der Empfänger tun oder denken soll.

Ein Beispiel: „Das Fenster ist offen."
Sachinhalt: Das Fenster ist geöffnet.
Selbstoffenbarung: Mir ist kalt.
Beziehung: Ich gehe davon aus, dass du das bemerkst.
Appell: Mach bitte das Fenster zu.

KONKRETE ÜBUNG FÜR EUCH:

Die vier Ohren anwenden

- **Nimm Dir eine alltägliche Nachricht vor, die du kürzlich gehört hast (z. B. „Du bist ja schon wieder zu spät!").**

- **Analysiere die Aussage nach den vier Ebenen:**
  Sachinhalt: Was ist die reine Information?
  Selbstoffenbarung: Was sagt der Sender über sich selbst?
  Beziehungsebene: Welche Haltung hat der Sender zu dir?
  Appell: Was möchte der Sender, dass du tust oder änderst?

- **Überlege dann, wie du diese Nachricht auf den verschiedenen Ebenen empfangen hast. Hattest du das Gefühl, vor allem auf einer Ebene angesprochen worden zu sein?**

- **Notiere dir deine Erkenntnisse und überlege, wie eine bewusste Wahrnehmung dieser Ebenen die Kommunikation in deinem Alltag verbessern könnte.**

NOTIZEN

Session 21

Coaching Session 21

DU BIST DEIN GRÖSSTES POTENTIAL 21

Sage kommt zu unserer Coaching-Stunde, sichtlich aufgewühlt, kämpft mit den Tränen und wirkt frustriert und verletzt.

„Jetzt habe ich neben dem Job und meiner Tochter auch noch die Ausbildung abgeschlossen, und wieder bin ich nicht zum Zug gekommen. Wieder wurde die Geschäftsführungsposition mit jemand anderem besetzt. Es reicht mir. So will und kann ich nicht mehr für dieses Unternehmen tätig sein. Ich habe die meisten Kunden gebracht – ohne meine Akquisitionen wäre der Standort in Österreich längst geschlossen."

Sage ist seit Jahren Senior Consultant bei einem internationalen Personalberatungsunternehmen mit einer Niederlassung in Österreich.

Sie war maßgeblich am Aufbau der Niederlassung beteiligt, zusammen mit verschiedenen Geschäftsführern, die regelmäßig wechselten, während sie die Konstante blieb. Sie hat nahezu alle Kunden akquiriert, die Junior Consultants ausgebildet und anfangs sogar die Buchhaltung übernommen, da sie Betriebswirtschaft studiert hat.

Sage ist eine selbstbewusste, charismatische Frau, die Präsenz zeigt, sobald sie einen Raum betritt. Sie versteht es, Menschen zu begeistern und mitzureißen, und hat ein sehr gutes Gespür für sie. Sie arbeitet überdurchschnittlich viel, angetrieben von einem tief verwurzelten Glaubenssatz, dass sie keine Fehler machen darf – ein Thema, an dem wir schon länger im Coaching arbeiten. Es ist auch wichtig zu erwähnen, dass Sage alleinerziehende Mutter ist. Trotz ihrer Erfolge haben die Partner der Personalberatung immer wieder Männer für die Geschäftsführungsposition in Österreich ausgewählt – ob bewusst oder unbewusst, was Sage mit bitterem Tonfall erwähnt.

„Ich habe alle Kunden akquiriert, alle großen Projekte abgewickelt, am Wochenende gearbeitet, um die Projekte fertigzustellen – und was hat es mir gebracht? Nichts." Ich höre ihr aufmerksam zu und sehe die tief enttäuschte Frau vor mir.

„Warum machst Du das?", frage ich sie. Wir arbeiten schon lange zusammen, und ich weiß, dass ich ihr direkte Fragen stellen kann.

„Weil ich die Niederlassung mit aufgebaut habe", antwortet sie. *„Weil ich für die Junior Consultants verantwortlich bin, weil ich die Kunden nicht enttäuschen möchte. Weil ich als alleinerziehende Mutter Geld verdienen muss."*

„Und wo kommst Du in all dem MÜSSEN vor?", frage ich. In deinen ganzen Aufzählungen kommst du selbst gar nicht vor.

„Wie meinst Du das?", fragt sie mich.

„Du hast nicht einmal gesagt, dass es Dir Spaß macht oder Dir Freude bereitet. Du hast nur Pflichten aufgezählt, aber nicht das, was Du möchtest."

„Du bist Dein eigenes größtes Potenzial", sage ich. *„Du hast so viel Ausstrahlung, Know-how, Disziplin, Führungsqualitäten und Kundenkontakte. Warum setzt Du das alles für etwas ein, das Dir nicht gerecht wird?"*

„So habe ich das noch nie gesehen", antwortet sie leise. *„Ich war so damit beschäftigt, den Laden in Österreich am Laufen zu halten, dass ich gar keine*

Zeit hatte, darüber nachzudenken, was ich will."

„Was willst Du?", frage ich sie.

„Ich will endlich in der ersten Reihe stehen", sagt sie. *„Ja, genau, ich will in der ersten Reihe stehen. Aber jetzt, wo ich es ausspreche, habe ich ein schlechtes Gewissen. Darf ich das?"*

„Wer soll es Dir erlauben?", frage ich. Sie schaut mich an und lacht.

„Ich selbst", sagt sie. *„Ich bin mein größtes Potenzial. Ich habe so viel in dieses Unternehmen investiert, jetzt bin ich an der Reihe."*

„Ich werde mir andere Unternehmen ansehen. Außerdem habe ich zwei interessante Angebote und werde mir in der nächsten Zeit überlegen, was ich wirklich will."

„Gute Idee", sage ich. *„Was kannst Du tun, um dranzubleiben?"*

„Ich werde mir ein Vision Board für unsere nächste Coaching-Einheit machen", sagt sie. *„Ich werde in der Mitte stehen, mit meinen Bedürfnissen und Wünschen um mich herum. In der Mitte wird stehen: ‚Ich bin mein größtes Potenzial.' Damit ich es leben kann, darf ich immer an mich selbst denken."*

Sage hat, wie gewohnt diszipliniert und zuverlässig, ein Vision Board für ihre eigenen Bedürfnisse und Wünsche erstellt – eine echte Herausforderung für sie als alleinerziehende Mutter. Es entspricht ihrer Persönlichkeit, die Bedürfnisse anderer oft über ihre eigenen zu stellen. Das Vision Board war der Beginn unseres Coaching-Prozesses. Es dauerte einige Stunden, bis wir ihre „Kümmerin" dazu gebracht haben, sich auch um sich selbst zu kümmern. Dabei half ihr auch eine Flugreise. *„Stell dir vor, mir ist zum ersten Mal bewusst geworden, dass ich mir zuerst die Sauerstoffmaske aufsetzen muss, und nicht meiner Tochter"*, sagte sie mir in einer unserer Coaching-Sitzungen. *„Das hat mir gezeigt: Wenn ich nicht auf meine eigene Energie und Ressourcen achte, dann habe ich nicht genug für meine Kleine. Das gilt beruflich genauso wie privat."*

Für Sage war es an der Zeit, nicht nur an das Unternehmen zu denken, sondern auch an sich selbst. Gemeinsam entwickelten wir ihren idealen Job – eine Technik, die besonders dann hilfreich ist, wenn das Verantwortungsbewusstsein zu stark ist und Träume blockiert. Hier habe ich die Walt-Disney-Methode eingesetzt: Sages innere Träumerin entwarf die Vision eines eigenen Personalberatungsunternehmens, in dem sie selbst bestimmen kann und ihr Einsatz sich direkt auszahlt. Sie hatte bereits einen Namen, eine klare Vorstellung der Dienstleistungen und auch die Zielkunden. Im Coaching mussten wir dann noch die Realistin und den wohlwollenden Kritiker überzeugen.

Es dauerte fast ein Jahr, bis Sage ihren Traum in die Realität umsetzte. Heute ist sie Unternehmerin, führt ihr eigenes Unternehmen und liebt, was sie tut.

Um Dein volles Potenzial auszuschöpfen und Deine Ziele zu erreichen, ist es unerlässlich, ein tiefes Verständnis für Dich selbst zu entwickeln. Dies beginnt mit Selbstbewusstsein – der Fähigkeit, Deine eigenen Wünsche und Motive zu erkennen. Nur wenn Du Dir dieser bewusst bist, kannst Du sicherstellen, dass Deine Handlungen im Einklang mit deinen wahren Bedürfnissen und Stärken stehen. Es geht darum, eine innere Klarheit zu erlangen, die Dir den Weg weist, auch wenn äußere Umstände oder Erwartungen Dich herausfordern.

Genauso wichtig ist es, Dir selbst die Erlaubnis zu geben, Deine Träume zu verfolgen. Oft warten wir unbewusst auf die Genehmigung von außen, doch in Wahrheit liegt diese Macht bei uns. Selbstgenehmigung bedeutet, die Verantwortung für die eigenen Ambitionen zu übernehmen und zu akzeptieren, dass niemand außer Dir entscheiden kann, was für Dich richtig ist. Es erfordert Mut, sich diese Erlaubnis zu geben, aber es ist ein entscheidender Schritt, um selbstbestimmt zu handeln.

Darüber hinaus ist es entscheidend, Deine Prioritäten klar zu setzen. Häufig lassen wir uns von den Bedürfnissen anderer leiten oder stellen unsere eigenen Ziele hinten an. Doch nur, wenn Du Deine eigenen Bedürfnisse in den Mittelpunkt Deiner Entscheidungen stellst, wirst Du in der Lage sein, langfristig zufrieden und erfolgreich zu sein. Diese Priorisierung ist keine egoistische Handlung, sondern eine notwendige Strategie, um Deine Energie und Deinen Fokus auf das zu lenken, was Dir wirklich wichtig ist.

Eine klare Vision Deiner Zukunft hilft Dir dabei, auf Kurs zu bleiben. Mit einer solchen Vision wirst Du nicht nur Deine Ziele deutlicher sehen, sondern auch die Entschlossenheit entwickeln, Dich auf das Wesentliche zu konzentrieren. Diese Fokussierung verhindert, dass Du Dich in Details verlierst oder von äußeren Ablenkungen vereinnahmt wirst.

WALT DISNEY-STRATEGIE

Übung

BESCHREIBUNG DER WALT DISNEY-STRATEGIE

Die Walt Disney-Strategie ist eine kreative Methode, um Ideen und Visionen zu entwickeln. Ich verwende diese oft bei meinen Coachingkunden, um Träume in konkrete Pläne zu verwandeln und dabei unterschiedliche Perspektiven zu berücksichtigen. Die Strategie basiert auf drei Rollen:

- **Der Träumer:**
  In dieser Rolle geht es darum, frei und ohne Einschränkungen zu träumen. Hier darf man seiner Fantasie freien Lauf lassen und eine Vision entwickeln, ohne über mögliche Hindernisse nachzudenken.

- **Der Realist:**
  Der Realist betrachtet die Träume und überlegt, wie sie praktisch umgesetzt werden können. Er stellt Fragen wie: „Was brauche ich, um das zu erreichen?“, „Wie sehen die konkreten Schritte aus?“ und „Welche Ressourcen stehen mir zur Verfügung?“

- **Der Kritiker:**
  Der Kritiker hinterfragt die Ideen des Realisten und sucht nach möglichen Schwächen oder Risiken. Er hilft, realistische Hindernisse zu erkennen und Lösungen dafür zu entwickeln.

Diese drei Perspektiven arbeiten zusammen, um eine Idee von der Vision bis hin zur Umsetzung zu entwickeln.

EIGENE BEDÜRFNISSE BEACHTEN MIT DER WALT DISNEY-STRATEGIE

- **Finde einen ruhigen Ort und nimm Dir Zeit, um Dich auf die Übung einzulassen. Du brauchst drei Blätter Papier und einen Stift.**

- **Der Träumer:**
  Schreibe auf das erste Blatt alles auf, was Du Dir für Dich selbst wünschst – sei es beruflich, privat oder im Hinblick auf Deine eigene Gesundheit und Zufriedenheit. Erlaube Dir, groß zu träumen und alle

möglichen Ideen zu notieren, ohne darüber nachzudenken, wie realistisch sie sind.

- **Der Realist:**
  Nimm das zweite Blatt und schlüpfe in die Rolle des Realisten. Betrachte Deine Träume und überlege, wie Du sie Schritt für Schritt umsetzen könntest. Welche konkreten Maßnahmen oder Veränderungen sind nötig, um Deine Wünsche zu erfüllen? Notiere, welche Ressourcen Du hast und welche Du noch benötigst.

- **Der Kritiker:**
  Nimm das dritte Blatt und gehe in die Rolle des Kritikers. Überlege, welche Herausforderungen oder Hindernisse es bei der Umsetzung Deiner Pläne geben könnte. Welche Zweifel kommen Dir in den Sinn? Gibt es Risiken, die Du bedenken solltest? Schreibe alles auf, was Dir dazu einfällt.

- **Abgleich der Perspektiven:**
  Nimm Dir nun alle drei Blätter und lege sie nebeneinander. Betrachte Deine Träume, die Realitätschecks und die kritischen Überlegungen. Überlege, welche Ideen sich trotz der Bedenken umsetzen lassen und wo Du vielleicht noch Anpassungen vornehmen musst.

- **Erstelle einen Plan:**
  Notiere zum Schluss die konkreten Schritte, die Du in den nächsten Wochen unternehmen möchtest, um Deinen Bedürfnissen mehr Raum zu geben. Setze Dir kleine, erreichbare Ziele, die Dich Deinen Träumen näherbringen.

Diese Übung hilft Dir, die eigenen Bedürfnisse klarer zu sehen und erste Schritte zur Umsetzung zu entwickeln. Sie bringt Dich dazu, Deine Wünsche ernst zu nehmen und gleichzeitig realistische Wege zu finden, diese in Deinen Alltag zu integrieren.

SELBSTREFLEXION UND FOKUSSIERUNG

Übung

Nimm Dir ungefähr 15 Minuten Zeit, um in Ruhe über die folgenden Fragen nachzudenken und Deine Antworten schriftlich festzuhalten. Frage Dich zunächst: „Was ist mein größter Wunsch für die nächste Phase meines Lebens? Was motiviert mich wirklich?" Achte darauf, nicht darüber nachzudenken, was andere von Dir erwarten, sondern was du tief im Inneren fühlst.

Im nächsten Schritt gib Dir selbst die Erlaubnis, diesen Wunsch zu verfolgen. Schreibe einen kurzen, klaren Satz wie: „Ich erlaube mir, meine Ambitionen zu verfolgen, weil sie meinen tiefsten Überzeugungen entsprechen."

Schließlich priorisiere. Liste die drei wichtigsten Schritte auf, die Du in den nächsten Wochen unternehmen möchtest, um diesem Ziel näher zu kommen. Entscheide bewusst, welche Dinge du in Deinem Alltag ändern oder anpassen kannst, um Platz für diese Schritte zu schaffen.

Mit diesen Reflexionen und konkreten Schritten wirst Du Dich nicht nur besser verstehen, sondern auch die nötige Klarheit und Fokussierung gewinnen, um Deinen Weg selbstbestimmt zu gehen.

VISION BOARD

Übung

Um Dein volles Potenzial zu entfalten und Deine Ziele klar vor Augen zu haben, kann ein Vision Board ein äußerst hilfreiches Werkzeug sein. Beginne damit, ein Bild von Dir selbst in der Mitte eines Boards oder eines großen Blattes zu platzieren. Dieses Bild symbolisiert Dich und steht im Zentrum Deiner persönlichen Entwicklung. Um das Bild herum kannst Du Worte, Symbole oder Bilder anordnen, die Deine Bedürfnisse, Wünsche und Ziele repräsentieren. Wenn Dein Ziel zum Beispiel ist, beruflich erfolgreicher zu werden, könntest Du Bilder von inspirierenden Führungspersönlichkeiten oder Symbole für Erfolg und Wachstum um dein Bild herum anordnen. Oder falls Du Dir mehr Ruhe und Gelassenheit wünschst, könntest Du Bilder von Natur, Meditationssymbolen oder beruhigenden Szenen hinzufügen.

In der Mitte Deines Vision Boards solltest Du eine zentrale Aussage hinzufügen, die Dir täglich als Erinnerung dient. Dies könnte ein motivierender Satz sein wie „Ich bin mein größtes Potenzial" oder „Ich habe die Kraft, meine Träume zu verwirklichen". Wähle eine Botschaft, die Dich emotional berührt und Dich daran erinnert, wo Dein Fokus liegt und was Du in Deinem Leben verwirklichen möchtest.

Um die Kraft Deines Vision Boards zu nutzen, nimm Dir täglich ein paar Minuten Zeit, um Dich mit ihm auseinanderzusetzen. Schau es Dir genau an und stelle Dir vor, wie Du bereits in dieser Vision lebst. Schließe die Augen und visualisiere, wie es sich anfühlt, Deine Ziele zu erreichen – sei es der Erfolg im Job, ein harmonischeres Familienleben oder ein ausgeglichener Geist. Diese tägliche Visualisierung hilft Dir, bewusste Entscheidungen zu treffen und Dein Handeln auf Deine Wünsche auszurichten.

Wichtig ist es auch, Dein Vision Board regelmäßig zu überprüfen und anzupassen. Ziele und Wünsche entwickeln sich, und Dein Vision Board sollte diese Veränderungen widerspiegeln. Vielleicht stellst Du fest, dass einige Deiner ursprünglichen Ziele weniger wichtig geworden sind oder neue Aspekte in den Vordergrund treten. Überarbeite Dein Vision Board entsprechend, damit es immer ein Spiegel Deiner aktuellen Aspirationen bleibt. Nimm Dir dabei auch die Zeit, Deinen Fortschritt zu reflektieren: Welche Ziele hast Du bereits erreicht? Wo hast Du noch Entwicklungspotenzial? Durch diese regelmäßige Überprüfung bleibst Du deinen Kernwerten und -zielen treu und kannst Dich stets neu ausrichten.

Ein konkretes Beispiel für diese Praxis: Wenn Dein Ziel darin besteht, gesünder zu leben, könntest Du neben deinem Bild Worte wie „Energie", „Vitalität" und „Balance" platzieren. Füge Bilder von frischen Lebensmitteln, Menschen beim Sport oder Meditation hinzu. Deine zentrale Botschaft könnte lauten: „Ich sorge gut für meinen Körper und Geist". Indem Du Dich täglich mit dieser Vision beschäftigst und sie regelmäßig aktualisierst, wirst Du immer mehr Schritte in Richtung eines gesünderen Lebensstils machen und Deine Entscheidungen bewusst danach ausrichten.

NOTIZEN

„AM ENDE WIRD ALLES GUT. UND WENN ES NICHT GUT IST, IST ES NOCH NICHT DAS ENDE."

(Dieses Zitat wird oft Oscar Wilde zugeschrieben, stammt jedoch vermutlich nicht von ihm. Die genaue Quelle ist unklar, und es gibt Hinweise, dass ähnliche Aussagen erst in späteren Filmen und Büchern populär wurden, insbesondere in „Best Exotic Marigold Hotel")

Mit der 21. Coaching-Session beende ich mein Buch – und das aus gutem Grund. Die Zahl 21 hat für mich eine besondere Bedeutung. Es ist nicht nur mein Geburtstag, sondern auch der Tag, an dem Infinity, meine geliebte Resilienz-Ressource, die Dich durch dieses Buch begleitet hat, zu mir kam. Die Zahl 21 setzt sich aus drei Siebenen zusammen, und auch die 7 hat in meinem Leben eine besondere Symbolik.

Ich danke Dir von Herzen, dass Du Dich auf die einzelnen Übungen eingelassen hast, und hoffe sehr, dass sie Dir geholfen haben, Deine mentale Gesundheit zu stärken oder zu verbessern. Ich wünsche Dir, dass Du deine Energiequellen entdeckst, dass Du lernst, die Dinge zu akzeptieren, die sich nicht ändern lassen, und dass Du stets die Übungen griffbereit hast, die Dir am meisten guttun. Möge Dir das Lesen genauso viel Freude bereitet haben, wie mir das Schreiben.

Mein Wunsch ist, dass Du dieses Buch an Menschen weitergibst, die es brauchen, die Dir am Herzen liegen oder einfach, weil Du ihnen ein ganz besonderes Geschenk machen möchtest. Ich hoffe, dass Du durch die Lektüre und die Übungen erkannt hast, wie großartig Du bist, welche Ressourcen und Talente in Dir schlummern und was Dein idealer Job sein könnte. Ich hoffe, dass Dir die einzelnen Coaching Sessions geholfen haben, wenn Du Dich in einer ähnlichen Situation wiedergefunden hast. Mögen Dir diese 21 wirksame Resilienz Booster Mut gemacht haben und Dich daran erinnern, dass Du immer die Wahl hast, wie Du auf Herausforderungen reagieren kannst. Dieses Buch soll Dir zeigen, dass jeder meiner Coachees – sei es eine Führungskraft, eine Expertin, jemand in einem großen Konzern oder in einem mittelständischen Unternehmen – mit Herausforderungen zu kämpfen hat. Und dass es immer Lösungen und neue Perspektiven gibt. Auch für Dich. Mögest Du erkennen, dass Resilienz trainierbar ist und dass der Erfolg im Handeln liegt. Denn aus meiner Erfahrung – sei es in Ausbildungen, Workshops, Coachings, Recruitings oder in meiner eigenen persönlichen Entwicklung – gibt es einen gemeinsamen Nenner: Der Schlüssel liegt im TUN. Im Umsetzen der Übungen, im Dranbleiben, im Hinfallen und wieder aufstehen.

Ich danke Dir von ganzem Herzen. Für mich war es eine unglaubliche Erfahrung, mein erstes Buch zu schreiben. Der Weg hat mich glücklich und erfüllt gemacht. Die Reflexion meiner Coachings, das Zurückholen einzelner Momente und die Begegnungen mit vielen wunderbaren Menschen haben mich zutiefst dankbar gemacht. Dankbar, dass ich diesen Beruf ausüben darf. Dankbar, dass ich nicht aufgegeben habe, selbst, nachdem ich von allen österreichischen Personalberatungsunternehmen Absagen erhalten habe. Dankbar, dass ich so bin, wie ich bin – mit all meinen Höhen und Tiefen, meinen Stärken und Schwächen.

Ich bin auf meinem Weg, mich selbst immer mehr anzunehmen, und ich weiß: Das ist erst der Anfang.

Für alle, die ihre Resilienz weiter stärken möchten: Seit 2020 biete ich Resilienz-(Online)-Trainings und Workshops an, die bereits vielen Teilnehmerinnen geholfen haben, ihre innere Stärke zu finden und positive Veränderungen zu erleben. Die Rückmeldungen sind durchweg positiv, und ich freue mich, auch Dich auf diesem Weg begleiten zu dürfen. Das Online-Training und auch persönliche Workshops sind direkt über meine Homepage www.hac.at buchbar – ich freue mich auf Dich! Du kannst einmal im Quartal an einem meiner Resilienz-Salons teilnehmen und mit anderen Interessierten über das Thema mentale Gesundheit sprechen.

Resilienz-Training zur Bewältigung von Herausforderungen, Stress & Krisen

www.hac.at/pld02/

Hier endet mein Buch, aber deine Reise geht weiter. Resilienz wächst mit jedem neuen Tag, mit jeder Herausforderung und mit jeder bewussten Entscheidung für dein Wohlbefinden. Danke Dir selbst und sei gütig und geduldig. Bleibe dran und viel Freude.

Herzlichst Deine
Sabine

Nimm dir einen Moment und beantworte für dich:
Was ist die wichtigste Lektion, die du aus diesem Buch mitnimmst? Wie kannst du sie in deinem Alltag anwenden?

Dankeschön

MEIN DANKESCHÖN AUS TIEFSTEM HERZEN

Jetzt ist der Moment gekommen, um all meinen Kunden zu danken, die mir seit mehr als 25 Jahren die Treue halten. Ihr seid es, die mich immer wieder inspirieren, tiefer in das Wesen der Menschen, ihr Verhalten und ihre Talente einzutauchen.

Ein riesiges Dankeschön geht an alle meine Kunden, Wegbegleiter, Partner, Kollegen und Projektmitarbeiter. Als ich 2002 mein Unternehmen, HAC, Human Asset Consulting, gründete, hätte ich niemals geahnt, wie viel Freude, Einsatz, Engagement und Begeisterung, aber auch wie viel Arbeit und Mut es erfordern würde, immer wieder aus meiner Komfortzone herauszutreten oder mein Dienstleistungsangebot zu erneuern und den Markterfordernissen anzupassen. Die ersten Jahre waren geprägt von Potenzialanalysen, Development Centern und Assessments, stets mit dem Ziel, die Potenziale von Menschen sichtbar zu machen. 14 Jahre lang betreute ich ein internationales Unternehmen im Bereich Sales und Leadership. Ich arbeitete in Ländern und Städten wie Dubai, Moskau, Ägypten, Ungarn, Prag, der Türkei und Oman und genoss stets das Vertrauen dieses Unternehmens. Wie viel habe ich selbst dabei gelernt! Wir haben Diversität schon damals gelebt. So viele beeindruckende Workshops und Trainings, Kollegen und interne Partner des Kunden, die noch heute Teil meines beruflichen Netzwerks sind und mich immer wieder bei größeren Projekten unterstützen. Ich habe fünf interne Mitarbeiter aus dem Human Ressource Bereich, in das von mir entwickelte Top Sales Talent Center eingearbeitet, und das Unternehmen hielt mir 14 Jahre die Treue. Jedes Jahr nahmen ca. 100 Verkäufer am Top Sales Talent Center (von den Führungskräften wurden die besten Verkäuferinnen ausgewählt und zu diesem Entwicklungsprogramm geschickt) teil und wurden auf ihre Potenziale und Stärken hingewiesen und erhielten konkrete Empfehlungen für ihre Weiterentwicklung. Das sind unglaubliche 1.232 Sales People (Verkäuferinnen) allein bei diesem Unternehmen. Alles auf Englisch, was mich zu Beginn oft aus meiner Komfortzone brachte. Es war eine unglaubliche Zeit, für die ich zutiefst dankbar bin.

Später betreute ich in Österreich namhafte Fusionen und unterstützte die Auswahl ihrer Führungskräfte. Ein besonders schönes Projekt war ein von mir entwickeltes Top Talent Competition-Programm, bei dem sich 24 junge Talente den internen Führungskräften über drei Tage hinweg in verschiedenen Aufgaben präsentierten und jede Gruppe ein großes Projekt entwickeln musste. Das Ziel: Employer Branding auf höchstem Niveau. Nach der ersten Session, bei der sich etwa 40 High Potentials bewarben, wuchs die Anzahl der Bewerber in den folgenden Jahren auf 250. Ein großer Erfolg. Es freut mich so sehr, dass diese Talente heute fast alle in Führungspositionen tätig sind.

Ich bin aus tiefstem Herzen dankbar, dass ich meine Berufung leben kann. Human Asset Consulting ist weit mehr als nur mein Unternehmen. Menschen den richtigen Job zu vermitteln und ihre Potenziale sichtbar und dadurch lebbar zu machen, ist meine Leidenschaft, Freude und für mich die Möglichkeit, meine Talente und Fähigkeiten richtig einsetzen zu können. Ich war auch als Berufsanwärterin bei einem Steuerberater tätig (während meines Studiums und danach 3 Jahre), jedoch entsprach es nicht meinen Begabungen.

Mein ebenso großer Dank gilt meinem Mann, der mich all die Jahre unterstützt hat. Er war stets an meiner Seite, wenn ich mitten in der Nacht an Konzepten arbeitete, er teilte meine Ideen und Träume und ließ mich niemals im Stich. Du bist mein Anker, mein Wegbegleiter und mein größter Unterstützer. Von ganzem Herzen: Danke.

Ein weiteres großes Dankeschön geht an meine Coaching-Kunden. Dieses Buch wäre ohne Euch nicht möglich gewesen. Vielen Dank für Euer Vertrauen, für die Bereitschaft, mir Eure beruflichen Probleme zu erzählen, und für die vielen positiven Ergebnisse. Es ist für mich immer noch eine Freude und manchmal auch magisch zu sehen, wie sich nach ein paar Coachingstunden die Herausforderungen wandeln und wie viel Ihr daraus mitnehmt. Ihr seid der Beweis, dass Coaching wahre Wunder bewirken kann. Seit der Ausbildung zur Resilienz-Beraterin habe ich auch in mein Coaching das Thema mentale Gesundheit aufgenommen. In den letzten Jahren ist das ein zentraler Bestandteil meiner Coachings und Beratungen. Viele Führungskräfte, Expertinnen und auch Studentinnen brauchen Tools und Unterstützung, um mit den Herausforderungen besser umgehen zu können. Meine Wahrnehmung ist, dass mentale Gesundheit viel mehr in unser Bewusstsein und in unsere Aufmerksamkeit gelangt ist.

Ein besonderer Dank gilt meiner Infinity, die mir in meiner größten Herausforderung allein durch ihre Anwesenheit Kraft und Heilung geschenkt hat. Sie ist mein Coach, meine Quelle der Ruhe und Entspannung – und so viel mehr. Deshalb begleitet sie auch dieses Buch. Möge sie Ihnen ebenso viel Freude und Energie schenken, wie sie es mir getan hat.

Für mich als Studierter Betriebswirt mit zahlreichen Coaching-Ausbildungen steht nach 30 Jahren Erfahrung die Erreichung einer bestimmten Haltung im Coaching im Vordergrund. Das Erreichen eines Ziels ist aus meiner

Erfahrung möglich, doch die Erreichung einer neuen und positiven Haltung ist die Grundvoraussetzung. Ob beim Thema Resilienz, positives Leadership oder anderen Coaching-Themen – diese Haltung bildet die Basis für nachhaltigen Erfolg. Ich sehe mich auch in den kommenden Jahren als Mentor und Coach, denn hier bildet meine Erfahrung einen besonderen Wert.

Autorin

MAG. SABINE KAINZ

ist Unternehmerin, Personalberaterin, Coach und Expertin für Resilienz.

Seit über 30 Jahren begleitet sie nationale und internationale Unternehmen im Bereich Human Resource Consulting und unterstützt Menschen dabei, ihr volles Potenzial zu entfalten und innere Stärke zu entwickeln.

Geboren in der Steiermark und ausgebildet an der Wirtschaftsuniversität Wien, entdeckte sie früh ihre wahre Berufung: die persönliche Entwicklung und das Sichtbarmachen von Stärken. Ob im Recruiting, bei Potentialanalysen oder im Einzel-Coaching – Sabine Kainz verfolgt mit Leidenschaft das Ziel, die verborgenen Ressourcen von Menschen und Unternehmen zu erkennen, zu aktivieren und dadurch nachhaltige Resilienz aufzubauen.

Mit ihrem Buch „21 Resilienz Booster – 21 Coaching-Sessions inklusive Tools für mehr mentale Stärke" teilt sie praxisnahe Werkzeuge, die auf drei Jahrzehnten Berufserfahrung basieren. Die Methoden sind alltagstauglich, direkt umsetzbar und entfalten ihre Wirkung oft schon nach der ersten Anwendung.

Als erfahrene Betriebswirtin und Coachin verbindet Sabine Kainz wissenschaftliche Erkenntnisse mit erprobten Strategien aus der Praxis. Ihr Credo: „Jeder Mensch trägt sein einzigartiges Potenzial in sich – manchmal braucht es nur einen gezielten Impuls, um es zu entfalten."

Mit inspirierender Klarheit und einer besonderen Gabe, Menschen in ihrer Individualität wahrzunehmen, schafft sie Räume für persönliche und berufliche Entwicklung.

HILFE IN NOTSITUATIONEN

In Österreich gibt es verschiedene Einrichtungen und Programme, die Unterstützung bei Burnout bieten und helfen, die Resilienz zu stärken. Hier sind einige Anlaufstellen

PRO MENTE AUSTRIA

Pro Mente ist eine österreichische Organisation, die sich auf die mentale Gesundheit spezialisiert hat. Sie bieten Beratungen, Therapien und Programme zur Stärkung der Resilienz sowie zur Burnout-Prävention an.

Standorte: Verschiedene Niederlassungen in allen Bundesländern.
Website: promenteaustria.at

THERAPIEZENTREN UND BURNOUT-KLINIKEN

Reha-Zentrum Rosalienhof (Burgenland):
Speziell auf Burnout und stressbedingte Erkrankungen ausgerichtet. Hier werden sowohl physische als auch psychische Aspekte des Burnouts behandelt.

Kurhaus Bad Gleichenberg (Steiermark):
Eine renommierte Einrichtung für Stressbewältigung und Burnout-Therapie. Sie bieten individuelle Therapien und Resilienz-Trainings an.

Rehabilitationseinrichtung VitaMed in Bad Schallerbach (Oberösterreich):
Fokus auf ganzheitliche Therapie bei Erschöpfungssyndromen und Burnout.

INSTITUT FÜR BURNOUT UND STRESSMANAGEMENT

Das Institut bietet Vorträge, Workshops und Coachings an, die sich sowohl der Prävention als auch der Bewältigung von Burnout widmen. Ein besonderer Schwerpunkt liegt auf der Entwicklung von Resilienz.
Standort: Wien
Website: burnout.at

ÖSTERREICHISCHES ROTES KREUZ – PSYCHOSOZIALE BERATUNG

Bietet psychosoziale Beratungsstellen in verschiedenen Städten an, die auch Unterstützung bei Stress und Burnout bieten. Dabei geht es um kurzfristige Entlastung und langfristige Hilfestellung.
Standorte: In vielen Städten und Gemeinden in ganz Österreich.
Website: roteskreuz.at

GESUNDHEITSZENTREN DER SOZIALVERSICHERUNG (SVS)

Die Sozialversicherung der Selbständigen (SVS) bietet Gesundheitswochen an, die sich speziell auf die Themen Stressmanagement und Resilienz konzentrieren. Die Programme sind speziell für Selbständige und Landwirte ausgelegt.
Standorte: Verschiedene Gesundheitszentren in Österreich wie Bad Tatzmannsdorf (Burgenland) oder Bad Hofgastein (Salzburg).
Website: svs.at

BÖP – BERUFSVERBAND ÖSTERREICHISCHER PSYCHOLOGINNEN

Der BÖP bietet eine Datenbank mit PsychologInnen, die sich auf Burnout-Prävention und Resilienztraining spezialisiert haben. Sie können Unterstützung bei der Auswahl einer geeigneten Therapeutin oder eines geeigneten Therapeuten bieten.
Website: boep.or.at

AVS - ARBEITSVEREINIGUNG DER SOZIALHILFE KÄRNTEN

Die AVS bietet spezielle Programme für Burnout-Betroffene an, darunter auch Beratung und Hilfe bei psychischen Belastungen. Sie bieten auch Stressbewältigungs- und Resilienz-Workshops.
Standort: Kärnten
Website: avs-sozial.at

Diese Anlaufstellen bieten verschiedene Unterstützungsangebote für Menschen, die mit Burnout zu kämpfen haben oder ihre Resilienz stärken möchten. Ob es sich um individuelle Therapie, Workshops oder Rehabilitationsprogramme handelt, in Österreich gibt es ein breites Angebot an Hilfestellungen.

LITERATURVERZEICHNIS

1. Resilienz: Definition, Grundlagen und Modelle
Kaluza, G. (2018). Gelassen und sicher im Stress: Das Stresskompetenz-Buch. Springer. Behandelt die 7 Säulen der Resilienz, Stressbewältigung und mentale Stärke.

Seligman, M. E. P. (2011). Flourish: A Visionary New Understanding of Happiness and Well-being. Atria Books. Einführung in das PERMA-Modell, welches Wohlbefinden und Resilienz fördert.

Siegel, D. J. (2012). The Developing Mind: How Relationships and the Brain Interact to Shape Who We Are. Guilford Press. Verknüpfung zwischen Neuroplastizität, Resilienz und menschlichem Verhalten.

Corssen, J. (2010). Der Selbst-Entwickler: Das Coaching-Programm für mehr Freiheit und Erfolg. Fischer Verlag. Fokus auf Eigenverantwortung und die Philosophie „Die Situation ist mein Coach".

Siebert, A. (2005). The Resiliency Advantage: Master Change, Thrive Under Pressure, and Bounce Back from Setbacks. Berrett-Koehler Publishers. Eine Einführung in die Prinzipien der Resilienz und Strategien für schwierige Situationen.

Hüther, G. (2018). Raus aus der Demenzfalle: Wie es gelingen kann, die Selbstheilungskräfte des Gehirns rechtzeitig zu aktivieren. Knaus Verlag. Ansätze zur Stärkung der mentalen Widerstandskraft.

Hanson, R. (2013). Hardwiring Happiness: The New Brain Science of Contentment, Calm, and Confidence. Harmony. Wissenschaftlich fundierte Tipps, um das Gehirn positiv zu programmieren.

McGonigal, K. (2015). The Upside of Stress: Why Stress Is Good for You, and How to Get Good at It. Avery. Wie Stress zur Ressource werden kann und Impulskontrolle hilft, ihn effektiv zu nutzen.

Goleman, D. (1996). Emotional Intelligence: Why It Can Matter More Than IQ. Bantam. Ein Klassiker über emotionale Kompetenz und Selbstkontrolle

Bücher und Artikel zu Resilienz und Resilienz-Theorien:
Greven, G. (2016). Resilienz: Die unentdeckte Fähigkeit der wirklich Erfolgreichen. München: Campus Verlag.

Schäfer, K. (2019). Die 7 Säulen der Resilienz: Wie Sie Ihre innere Stärke aktivieren. Berlin: Springer.

Rutter, M. (1987). Psychosocial Resilience and Protective Mechanisms. American Journal of Orthopsychiatry, 57(3), 316–331.

Ungar, M. (2012). The Social Ecology of Resilience: A Handbook of Theory and Practice. New York: Springer.

Bonanno, G. A. (2004). Loss, Trauma, and Human Resilience: Have We Underestimated the Human Capacity to Thrive After Extremely Aversive Events? American Psychologist, 59(1), 20–28.

Beiträge zu Emy Werner und ihren Forschungen:
Werner, E. E., & Smith, R. S. (1982). Vulnerable but Invincible: A Longitudinal Study of Resilient Children and Youth. New York: McGraw-Hill.

Werner, E. E. (1995). Resilience in Development. Current Directions in Psychological Science, 4(3), 81–85.

Werner, E. E., & Smith, R. S. (2001). Journeys from Childhood to Midlife: Risk, Resilience, and Recovery. Ithaca, NY: Cornell University Press.

Bücher und Artikel zu Homöostase und Stressmodellen:
Cannon, W. B. (1929). Bodily Changes in Pain, Hunger, Fear and Rage. New York: D. Appleton and Company.

Selye, H. (1974). Stress without Distress. Philadelphia: J. B. Lippincott.

McEwen, B. S., & Stellar, E. (1993). Stress and the Individual: Mechanisms Leading to Disease. Archives of Internal Medicine, 153(18), 2093–2101.

Schulkin, J. (2004). Allostasis, Homeostasis, and the Costs of Physiological Adaptation. Cambridge: Cambridge University Press.

Bücher und Artikel zu Neuroplastizität:
Doidge, N. (2007). The Brain That Changes Itself: Stories of Personal Triumph from the Frontiers of Brain Science. New York: Viking.

Draganski, B., et al. (2004). Changes in Grey Matter Induced by Training. Nature, 427(6972), 311–312.

Merzenich, M. M. (2013). Soft-Wired: How the New Science of Brain Plasticity Can Change Your Life. San Francisco: Parnassus Publishing.

Kolb, B., & Whishaw, I. Q. (2015). An Introduction to Brain and Behavior (5th ed.). New York: Worth Publishers.

Siegel, Daniel J. (2010): Mindsight: The New Science of Personal Transformation. Bantam Books. Dieses Werk verbindet Neuroplastizität und Achtsamkeit als Grundlage für persönliche und zwischenmenschliche Veränderungen

Bücher und Artikel zu Resilienzförderung und praktischen Anwendungen:
Fröhlich-Gildhoff, K., & Rönnau-Böse, M. (2016). Resilienz im Kindesalter: Förderung von Schutzfaktoren. Weinheim: Beltz.

Kabat-Zinn, J. (1990). Full Catastrophe Living: Using the Wisdom of Your Body and Mind to Face Stress, Pain, and Illness. New York: Delta.

Schoenaker, K. (2018). Resilienz stärken: Mit einfachen Übungen die psychische Widerstandskraft trainieren. Stuttgart: Trias Verlag.

2. Stress und Gehirn
Sapolsky, R. M. (2004). Why Zebras Don't Get Ulcers: A Guide to Stress, Stress-Related Diseases, and Coping. Holt Paperbacks. Erklärt die Auswirkungen von chronischem Stress auf Gesundheit und Gehirn.

Cozolino, L. (2014). The Neuroscience of Human Relationships: Attachment and the Developing Social Brain. Norton Professional Books. Stellt das 3-teilige Gehirn (Reptilienhirn, limbisches System, Neokortex) und dessen Funktion bei Stress vor.

McEwen, B. S. & Lasley, E. N. (2002). The End of Stress as We Know It. Dana Press. Wissenschaftliche Perspektive auf Stress und dessen mentale Auswirkungen.

Bateson, G. (1972). Steps to an Ecology of Mind. University of Chicago Press. Einführung in das Lernmodell nach Bateson und dessen Anwendung für Resilienztraining.

Kabat-Zinn, Jon (1990): Full Catastrophe Living: Using the Wisdom of Your Body and Mind to Face Stress, Pain, and Illness. Delta Trade Paperbacks. Grundlagen zur Stressbewältigung und zur Stärkung der Resilienz.

Pink, D. H. (2009). Drive: The Surprising Truth About What Motivates Us. Riverhead Books

3. Coaching-Methoden und Übungen

Katie, B. (2002). Loving What Is: Four Questions That Can Change Your Life. Harmony Books. Die 4 Powerfragen als Methode zur inneren Klarheit und Resilienzsteigerung.

Neethling, K. (2000). The Whole Brain Business Book: Unlocking the Power of Whole Brain Thinking in Organizations and Individuals. Whole Brain Learning. Beschreibung der NBI® PRÄFERENZPROFIL-Analyse, Denkstile und deren Einfluss auf Resilienz und Entscheidungsfindung.

Hirnforschung und Denkstile, Gazzaniga, M. S. (2011). Who's in Charge? Free Will and the Science of the Brain. HarperCollins. Damasio, A. R. (1994). Descartes' Error: Emotion, Reason, and the Human Brain. Putnam.

Thun, F. S. von. (2000). Miteinander reden 1: Störungen und Klärungen. Rowohlt Taschenbuch. Einführung in das Kommunikationsmodell und Ich-Botschaften.

Cuddy, A. (2015). Presence: Bringing Your Boldest Self to Your Biggest Challenges. Little, Brown and Company. Bedeutung von Körpersprache, Power Posing und nonverbaler Kommunikation.

Robbins, A. (2006). Awaken the Giant Within: How to Take Immediate Control of Your Mental, Emotional, Physical, and Financial Destiny. Free Press. Übungen zur Fokussierung, Visualisierung und Zielsetzung.

Dilts, R. (1994). Strategies of Genius Volume III: Walt Disney. Meta Publications. Stärkenorientierte Problemlösung und Visualisierungsmethoden.

Hayes, S. C., Strosahl, K. D., & Wilson, K. G. (1999). Acceptance and Commitment Therapy: An Experiential Approach to Behavior Change. Guilford Press.

Clear, J. (2018). Atomic Habits: An Easy & Proven Way to Build Good Habits & Break Bad Ones. Avery.

4. Psychologische und neurowissenschaftliche Ansätze

Frankl, V. E. (1946). Man's Search for Meaning. Beacon Press. Bedeutung von Sinn und Akzeptanz in schwierigen Lebenssituationen.

Kahneman, D. (2011). Thinking, Fast and Slow. Farrar, Straus and Giroux. Erklärung, wie das Gehirn interpretiert, tilgt und verzerrt.

Bandura, A. (1997). Self-Efficacy: The Exercise of Control. W. H. Freeman. Selbstwirksamkeit als Schlüssel zur Resilienz und Eigenverantwortung.

Rotter, J. B. (1966). Generalized Expectancies for Internal versus External Control of Reinforcement. Psychological Monographs. Grundlagen zu Eigenverantwortung und Entscheidungsfindung.

Fredrickson, B. (2001). The Role of Positive Emotions in Positive Psychology: The Broaden-and-Build Theory of Positive Emotions. American Psychologist. Forschung über positives Denken und dessen Auswirkungen auf mentale Gesundheit.

5. Achtsamkeit und Rituale
Kabat-Zinn, J. (1990). Full Catastrophe Living: Using the Wisdom of Your Body and Mind to Face Stress, Pain, and Illness. Delacorte Press. Meditation und Achtsamkeit zur Stressbewältigung.

Beck, A. T. (1976). Cognitive Therapy and the Emotional Disorders. International Universities Press. Grundlagen der positiven Affirmationen und deren Wirkung.

Dalai Lama & Cutler, H. C. (1998). The Art of Happiness: A Handbook for Living. Riverhead Books. Positive Denkansätze und Lebensfreude.

6. Gewohnheiten und Resilienz
Duhigg, C. (2012). The Power of Habit: Why We Do What We Do in Life and Business. Random House. Wie Gewohnheiten das Verhalten prägen und geändert werden können.

Doidge, N. (2007). The Brain That Changes Itself: Stories of Personal Triumph from the Frontiers of Brain Science. Viking. Neuroplastizität und ihre Rolle für Resilienz.

7. Führung und Teamarbeit
Lencioni, P. (2002). The Five Dysfunctions of a Team: A Leadership Fable. Jossey-Bass.
Ein praktisches Buch über die Herausforderungen in Teams und die Förderung von Vertrauen und Zusammenarbeit.

Covey, S. R. (1989). The 7 Habits of Highly Effective People: Powerful Lessons in Personal Change. Free Press. Grundlagen für effektive Verhaltensweisen und Vertrauensbildung in Teams.

Blanchard, K., & Johnson, S. (1982). The One Minute Manager. HarperCollins

Goleman, Daniel (1995): Emotional Intelligence: Why It Can Matter More Than IQ. Bantam Books. Ein Klassiker zur Bedeutung von Empathie, Vertrauen und emotionaler Kompetenz in der Führung und im Team.

8. Kommunikation / Präzisionsmodell der Sprache
Bandler, R., & Grinder, J. (1975). The Structure of Magic I: A Book About Language and Therapy. Science and Behavior Books. Dieses Buch legt die Grundlage für NLP, insbesondere die Rolle der Sprache in der Therapie.

Bandler, R., & Grinder, J. (1976). The Structure of Magic II: A Book About Communication and Change. Science and Behavior Books. Eine Vertiefung des ersten Bandes mit Fokus auf Kommunikation und Veränderung.

Dilts, R. (1990). Changing Belief Systems with NLP. Meta Publications. Ein Klassiker über die Veränderung von Glaubenssätzen durch NLP-Techniken. Dilts, R., Grinder, J., Bandler, R., &

DeLozier, J. (1980). Neuro-Linguistic Programming: Volume I: The Study of the Structure of Subjective Experience. Meta Publications. Detaillierte Einführung in die Theorie und Praxis von NLP.

9. Praktische Anwendung
O'Connor, J., & Seymour, J. (1995). Introducing NLP: Psychological Skills for Understanding and Influencing People. Thorsons. Eine praxisnahe Einführung in NLP für Einsteiger.

Bandler, R. (1985). Using Your Brain for a Change. Real People Press. Praxisorientierte Anleitungen zur Veränderung von Denkmustern.

McDermott, I., & Jago, W. (2001). Practical NLP for Managers: How to Influence People and Manage Change. Crown House Publishing. Anwendung von NLP-Techniken in Führungs- und Managementkontexten.

10. Spezialisierte Themen
Dilts, R. (1998). Modeling with NLP. Meta Publications. Einführung in die Technik des Modellierens mit NLP.

Knight, S. (2002). NLP at Work: The Essence of Excellence. Nicholas Brealey Publishing. Einsatz von NLP-Techniken im beruflichen Umfeld.

Andreas, S., & Andreas, C. (1989). Heart of the Mind: Engaging Your Inner Power to Change with Neuro-Linguistic Programming. Real People Press. Fokus auf persönliche Entwicklung und Transformation durch NLP.

11. Kritik und Reflexion
Heap, M. (1988). „Neurolinguistic Programming: An Interim Verdict". Behavioral and Cognitive Psychotherapy, 16(5), 368–389. Eine kritische Analyse der wissenschaftlichen Grundlage von NLP.

Sharpley, C. F. (1987). „Research Findings on Neurolinguistic Programming: Nonsupportive Data or an Untestable Theory?" Journal of Counseling Psychology, 34(1), 103–107. Bewertung der wissenschaftlichen Evidenz hinter NLP.

12. Walt Disney Strategie und kreative Problemlösung:
Dilts, R. (1994). Strategies of Genius: Volume 1 (Walt Disney). Meta Publications.

De Bono, E. (1995). Serious Creativity: Using the Power of Lateral Thinking to Create New Ideas. HarperBusiness.

13. Vision Boards und Visualisierung:
Canfield, J., & Switzer, M. (2005). The Success Principles: How to Get from Where You Are to Where You Want to Be. HarperCollins.

Gawain, S. Creative Visualization: Use the Power of Your Imagination to Create What You Want in Your Life. New World Library.

14. Selbstwirksamkeit und persönliche Entwicklung:
Bandura, A. (1997). Self-Efficacy: The Exercise of Control. W.H. Freeman.

Neff, K. D. (2011). Self-Compassion: The Proven Power of Being Kind to Yourself. HarperCollins.

Duhigg, Charles (2012): The Power of Habit: Why We Do What We Do in Life and Business. Random House. Ein tiefgehender Einblick in die Mechanismen, wie Gewohnheiten entstehen und wie sie verändert werden können.

15. Motivations- und Zielerreichungstechniken:
Pink, D. H. (2009). Drive: The Surprising Truth About What Motivates Us. Riverhead Books.

Locke, E. A., & Latham, G. P. (2002). Building a Practically Useful Theory of Goal Setting and Task Motivation. American Psychologist.

16. Resilienz und Umgang mit Hindernissen:
Brown, B. (2015). Rising Strong: The Reckoning, the Rumble, the Revolution. Spiegel & Grau.

Csikszentmihalyi, M. (1990). Flow: The Psychology of Optimal Experience. Harper & Row.

Rock, David (2009): Your Brain at Work: Strategies for Overcoming Distraction, Regaining Focus, and Working Smarter All Day Long. HarperBusiness. Dieses Buch erläutert, wie unser Gehirn unter Druck arbeitet und wie man bessere Verhaltensstrategien entwickeln kann

17. Kreative Methoden für Coaching und Selbstmanagement:
Whitmore, J. (2002). Coaching for Performance: GROWing Human Potential and Purpose. Nicholas Brealey Publishing.

Stelter, R. (2014). Third Generation Coaching: A Guide to Narrative-Collaborative Theory and Practice. Springer.

Neff, Kristin (2011): Self-Compassion: The Proven Power of Being Kind to Yourself. HarperCollins. Eine wertvolle Ressource für empathische Menschen, um Selbstmitgefühl und gesunde Abgrenzung zu entwickeln

18. Kommunikationsmodell von Schulz von Thun:
Schulz von Thun, F. (1981). Miteinander reden 1: Störungen und Klärungen. Rowohlt Taschenbuch Verlag.

Schulz von Thun, F. (1989). Miteinander reden 2: Stile, Werte und Persönlichkeitsentwicklung. Rowohlt Taschenbuch Verlag.

19. Teamarbeit und Zusammenarbeit:
Katzenbach, J. R., & Smith, D. K. (1993). The Wisdom of Teams: Creating the High-Performance Organization. Harvard Business Review Press.

Lencioni, P. (2002). The Five Dysfunctions of a Team: A Leadership Fable. Jossey-Bass.

20. Konstruktive Kommunikation und Feedback:
Rosenberg, M. B. (2003). Nonviolent Communication: A Language of Life. PuddleDancer Press.

Patterson, K., Grenny, J., McMillan, R., & Switzler, A. (2011). Crucial Conversations: Tools for

Talking When Stakes Are High. McGraw-Hill.

21. Perspektivenwechsel und Respekt in Teams:
Covey, S. R. (1989). The 7 Habits of Highly Effective People: Powerful Lessons in Personal Change. Free Press.

Goleman, D. (2006). Social Intelligence: The New Science of Human Relationships. Bantam Books.

22. Rollen- und Konfliktsimulationen:
Kolb, D. A. (1984). Experiential Learning: Experience as the Source of Learning and Development. Prentice Hall.

Lewin, K. (1951). Field Theory in Social Science: Selected Theoretical Papers. Harper & Row.

23. Positive Feedback und Teamdynamik:
Buckingham, M., & Clifton, D. O. (2001). Now, Discover Your Strengths. Free Press.

Edmondson, A. C. (2019). The Fearless Organization: Creating Psychological Safety in the Workplace for Learning, Innovation, and Growth. Wiley. Respekt und Vielfalt im Team

Hofstede, G. (2001). Culture's Consequences: Comparing Values, Behaviors, Institutions and Organizations Across Nations. Sage Publications. Trompenaars

F., & Hampden-Turner, C. (1997). Riding the Waves of Culture: Understanding Diversity in Global Business. McGraw-Hill.

Lencioni, Patrick (2002): The Five Dysfunctions of a Team: A Leadership Fable. Jossey-Bass. Ein praktisches Buch über die Herausforderungen in Teams und wie man Vertrauen und Zusammenarbeit fördern kann

Csikszentmihályi, Mihály (1990): Flow: The Psychology of Optimal Experience. Harper & Row. Über das Gleichgewicht von Herausforderungen und Fähigkeiten, das auch in der Teamentwicklung wichtig ist.

24. Generalisierungen und ihre Auswirkungen:
Tversky, A., & Kahneman, D. (1974). Judgment under Uncertainty: Heuristics and Biases. Science.

Goleman, D. (1995). Emotional Intelligence: Why It Can Matter More Than IQ. Bantam Books.

Schwarz, N. (2004). Meta-cognitive Experiences in Consumer Judgment and Decision Making. Journal of Consumer Psychology.

25. Schwarz-Weiß-Denken und kognitive Verzerrungen:
Beck, A. T. (1979). Cognitive Therapy and the Emotional Disorders. Penguin.

Kahneman, D. (2011). Thinking, Fast and Slow. Farrar, Straus, and Giroux.

26.Selbsterfüllende Prophezeiungen und Wahrnehmung:
Merton, R. K. (1948). The Self-Fulfilling Prophecy. The Antioch Review.

Rosenthal, R., & Jacobson, L. (1968). Pygmalion in the Classroom: Teacher Expectation and Pupils' Intellectual Development. Holt, Rinehart & Winston.

Impressum

Illustration: Daniela Vollmeier – zeitschimmer
Umschlaggestaltung: Daniela Vollmeier – zeitschimmer

Druck und Vertrieb im Auftrag der Autorin:
Buchschmiede von Dataform Media GmbH
Julius-Raab-Straße 8
2203 Großebersdorf
Österreich

www.buchschmiede.at – Folge deinem Buchgefühl!
Kontaktadresse nach EU-Produktsicherheitsverordnung:
info@buchschmiede.at

ISBN:
978-3-99165-564-0 (Softcover)
978-3-99165-276-2 (Hardcover)
978-3-99165-563-3 (E-Book)

Printed in Austria